RÉCLAMATION

FORMÉE

DEVANT LE CONSEIL DE PRÉFECTURE

DE LA SEINE-INFÉRIEURE

PAR

MM. TESTU ET LADVOCAT

CONTRE

M. LE MINISTRE DES TRAVAUX PUBLICS

REPRÉSENTANT L'ÉTAT

DÉCISION MINISTÉRIELLE DU 21 AOUT 1852.

Monsieur le préfet, vous m'avez fait l'honneur de me transmettre, le 19 décembre 1850, le résultat de l'instruction à laquelle avaient été soumises, conformément à la décision ministérielle du 5 mars précédent, les réclamations présentées tant par le sieur Ladvocat, entrepreneur des travaux du bassin Vauban, au port du Havre, que par le sieur Testu, entrepreneur du bassin de la Floride, au sujet du foisonnement de la chaux employée dans ces travaux.

J'ai confié à une commission composée d'inspecteurs des ponts et chaussées le soin d'examiner les pièces de cette instruction, d'entendre MM. les ingénieurs, ainsi que les entrepreneurs, et, en définitive, de déterminer les bases de l'indemnité qu'il pourrait y avoir lieu d'accorder à ces derniers pour les couvrir des pertes qu'ils annonçaient avoir éprouvées par suite du mode d'extinction employé par eux sur les ordres des ingénieurs, et contrairement aux prescriptions des devis.

Afin de se prononcer en parfaite connaissance de cause, la commission a jugé nécessaire de renouveler les expériences auxquelles la chaux de la Hère avait été déjà soumise par MM. les ingénieurs du port du Havre.

Or, il résulte, des dernières expériences qui ont été faites avec un soin minutieux du 12 mars au 31 mai dernier, dans un chantier dépendant de l'administration des travaux publics, en présence du sieur Testu, que l'on n'était en droit de demander à cet entrepreneur, à la place de **0^m 50** de chaux *en pâte* qu'il *devait* fournir d'après son marché, que **0^m 42** de chaux *en poudre*, tandis que les ingénieurs lui en ont demandé **0^m 60** de cette dernière, ce qui le constitue en perte de 30 pour cent.

La commission a établi, d'après ce résultat, que le sous-détail du prix du mètre cube de mortier de chaux et de sable devait être de.......... 32 fr. 88 c.

Tandis qu'en employant la chaux en pâte, on n'aurait eu qu'une dépense de... 24   49

Ce qui donne un excédant de dépense, par mètre cube de mortier ordinaire composé de 1^m de sable et de 0^m 60 de chaux en poudre, de.. 8 fr. 39 c.

Quant au mortier de chaux, sable et pouzzolane, la commission en a déterminé le sous-détail du prix du mètre à......................... 31 fr. 29 c.

En employant la chaux en pâte, on n'aurait eu à dépenser que.   21   90

Ce qui donne pour chiffre de l'indemnité à allouer, par mètre cube de mortier mixte fait avec 0^m 60 de chaux en poudre,.......... 9 fr. 39 c.

D'après les décomptes de l'entreprise du bassin de la Floride, le sieur Testu a fourni :

1° 2759^m 42 de mortier de chaux et de sable, dans lesquels il est entré 0^m 60 de chaux en poudre. Pour cette espèce de mortier, il y aurait donc lieu de lui appliquer l'indemnité de 8 fr. 29 c., soit......................... 23,151 fr. 53 c.

2° 4,446^m 77 de mortier de chaux, sable et pouzzolane, dans lesquels il est également entré 0^m 60 de chaux en poudre. Pour cette espèce de mortier, il lui reviendrait 7 fr. 39 c., soit...... 32,861   63

Total......... 56,013 fr. 16 c.

Ajoutons le 10e de bénéfice........................... 5,601   32

61,614 fr. 48 c.

A déduire le rabais de 14 fr. 75 c. pour cent............... 9,088   14

Reste......... 52,526 fr. 34 c.

Tel est, en définitive, le chiffre de l'indemnité que la commission propose d'accorder à l'entrepreneur du bassin de la Floride, sauf à lui tenir compte des intérêts à partir du jour de la demande.

J'ai examiné cette affaire en conseil général des ponts et chaussées, et j'ai reconnu avec le conseil qu'il s'agissait, dans l'espèce, d'erreurs matérielles qu'on ne pouvait imputer à l'entrepreneur, attendu que les modifications qu'il a apportées aux conditions du devis en ce qui concerne l'emploi de la chaux lui ont été prescrites par les ingénieurs sans que l'administration supérieure en ait été informée, et qu'en conséquence il y avait lieu de rectifier les décomptes conformément aux propositions de la commission dont les expériences ont paru au conseil devoir mériter pleine et entière confiance.

Je vous prie, monsieur le préfet, de vouloir bien donner connaissance de cette décision à MM. les ingénieurs, et de la notifier au sieur Testu.

Je vous transmettrai ultérieurement des instructions pour le paiement de cette indemnité.

Recevez, etc.

Le ministre des travaux publics,
Signé P. MAGNE.

DÉCISION MINISTÉRIELLE DU 21 AOUT 1852.

Monsieur le préfet, vous m'avez fait l'honneur de me transmettre, le 19 décembre 1850, le résultat de l'instruction à laquelle avaient été soumises, conformément à la décision ministérielle du 5 mars précédent, les réclamations présentées tant par le sieur Ladvocat, entrepreneur des travaux du bassin Vauban, du port du Havre, que par le sieur Testu, entrepreneur du bassin de la Floride, au sujet du foisonnement de la chaux employée dans ces travaux.

J'ai confié à une commission composée d'inspecteurs des ponts et chaussées le soin d'examiner les pièces de cette instruction, d'entendre MM. les ingénieurs, ainsi que les entrepreneurs, et de déterminer en définitive les bases de l'indemnité qu'il y aurait lieu d'accorder à ces derniers pour les couvrir des pertes qu'ils annonçaient avoir éprouvées par suite du mode d'extinction employé par eux sur l'ordre des ingénieurs, contrairement aux prescriptions du devis.

Afin de pouvoir se prononcer en connaissance de cause, la commission a jugé nécessaire de renouveler les expériences auxquelles la chaux de la Hève avait été déjà soumise par MM. les ingénieurs du port du Havre.

Or, il résulte des dernières expériences qui ont été faites avec un soin minutieux, du 12 mars au 31 mai dernier, dans un chantier dépendant de l'administration des travaux publics, en présence de M. l'ingénieur Chatoney et du représentant du sieur Ladvocat, que l'on n'était en droit de demander à cet entrepreneur, à la place de $0^{m\,3}\,50$ de chaux *en pâte* qu'il *devait* fournir d'après son marché, que $0^{m\,3}\,42$ de chaux *en poudre*, tandis que les ingénieurs lui en ont demandé $0^{m\,3}\,55$ de cette dernière, ce qui le constitue en perte de 24 pour cent.

La commission a établi, d'après ce résultat, que le sous-détail du prix du mètre cube de mortier de chaux et de sable, seule espèce de mortier qui ait été employée dans les travaux du bassin Vauban, devait être de............ 30 fr. 70 c.

Tandis qu'en employant la chaux en pâte, on n'aurait eu qu'une dépense de... 24   49

Ce qui donne pour chiffre de l'indemnité à allouer par mètre cube de mortier ordinaire, composé de 1^m de sable et de $0^m\,50$ de chaux en poudre... 6 fr. 29 c.

Or, la quantité de mortier relevée sur les décomptes étant de $20,384^{m}\,48$ cubes, auxquels doit être appliquée cette différence de 6 fr. 29 c., l'indemnité due au sieur Ladvocat s'élève à......... 128,218 fr. 28 c.

A ajouter le dixième du bénéfice..................... 12,821   83

Total........ 141,040 fr. 11 c.

A déduire le rabais de 18 pour cent..................... 25,387   27

Reste........ 115,652 fr. 84 c.

Tel est, en définitive, le chiffre de l'indemnité que la commission a proposé d'accorder à l'entrepreneur du bassin Vauban, sauf à lui tenir compte des intérêts à partir du jour de la demande.

J'ai examiné cette affaire en conseil général des ponts et chaussées, et j'ai reconnu avec le conseil qu'il s'agissait, dans l'espèce, d'erreurs matérielles qu'on ne pouvait imputer à l'entrepreneur, attendu que les modifications qu'il a apportées aux conditions du devis, en ce qui concerne l'emploi de la chaux, lui ont été prescrites par MM. les ingénieurs sans que l'administration supérieure en eût été *même* informée, et qu'en conséquence il y avait lieu de rectifier les décomptes conformément aux propositions de la commission dont les expériences ont paru au conseil devoir mériter pleine et entière confiance.

Je vous prie, monsieur le préfet, de vouloir bien donner connaissance de cette décision à MM. les ingénieurs, et d'en adresser notification au sieur Ladvocat.

Je vous transmettrai ultérieurement des instructions pour le paiement de cette indemnité.

Recevez, etc.

Le ministre des travaux publics.
Signé P. MAGNE.

Pour copie conforme :

Le conseiller de préfecture, secrétaire général,
Signé DUCOTÉ.

L'an 1852, le quatrième jour de septembre, copie de l'arrêté qui précède a été notifiée et laissée par nous Besnière (Jean-Baptiste), commissaire de police de la ville d'Ingouville, au dénommé au dit arrêté, en son domicile, parlant à son fils.

A ce qu'il n'en ignore dont acte, fait et rédigé à Ingouville, les jour, mois et an susdits.

Signé BESNIÈRE.

Pour copie conforme à l'original :

Signé V. LADVOCAT.

PONTS ET CHAUSSÉES. PORT DU HAVRE.

TRAVAUX DU BASSIN VAUBAN
ET DE L'ÉCLUSE DE NAVIGATION ET DU BASSIN DE LA FLORIDE

RÉCLAMATION RELATIVE A LA CHAUX EMPLOYÉE DANS CES TRAVAUX,

SE COMPOSANT DE QUATRE CHEFS :

**1° Le foisonnement de la chaux, 2° son extinction,
3° La fabrication des mortiers, 4° Les dommages-intérêts.**

DOMMAGES-INTÉRÊTS

A Monsieur le Préfet, Président, et à Messieurs les membres du conseil de préfecture de la Seine-Inférieure.

Messieurs,

Comme l'indiquent les deux décisions ministérielles qui précèdent et le titre ci-dessus, M. Ladvocat et moi avons formé une réclamation à l'effet d'être indemnisés des pertes que nous avons subies par suite du changement apporté dans le mode d'extinction de la chaux.

Les quatre chefs de notre réclamation ont été admis en principe.

Nous avons été indemnisés d'une manière suffisante sur le premier, d'une manière insuffisante sur le deuxième; et l'administration n'a pas donné de solution au sujet des deux derniers.

Notre demande en dommages-intérêts devant se trouver, suivant moi, pleinement justifiée par l'exposé des faits qui se rattachent à notre réclamation, je vais faire cet exposé, et commencer par ce chef :

29 septembre 1839. — Les travaux de l'écluse de navigation et du bassin de la Floride m'ont été adjugés le 29 septembre 1839; et, le même jour, les travaux du bassin Vauban ont été adjugés à M. Ladvocat.

— 8 —

L'exécution de ces deux travaux a été presque immédiatement commencée; puis, continuée simultanément sous les ordres de MM. Renaud et Chevallier, le premier, ingénieur en chef, le deuxième, ingénieur ordinaire des ponts et chaussées.

M. Ladvocat et moi étions complétement divisés d'intérêts; nous étions même dans un état d'hostile concurrence qui excluait toute probabilité de rapprochement entre nous; mais les prescriptions de nos devis nous plaçaient l'un et l'autre vis-à-vis de l'administration dans des conditions absolument identiques.

Chacun de nous devait éteindre la chaux *en pâte* et l'employer en cet état dans les maçonneries; mais, avant d'en arriver là, il y avait des travaux de déblais de terre à exécuter pour creuser les fondations des murs.

Mars 1840.   L'état d'avancement des travaux de terrassements du bassin Vauban, plus faciles à exécuter que ceux de l'écluse et du bassin de la Floride, permit à M. Ladvocat de fonder ses murs, et, par conséquent, d'employer de la chaux, en mars 1840.

Il l'éteignit et l'employa d'abord *en pâte*, conformément aux prescriptions de son devis, pendant deux mois et demi environ; mais MM. les ingénieurs ne tardèrent pas à s'apercevoir que l'extinction *en pâte* ne convenait pas à la nature de la chaux qu'ils faisaient employer.

Juin 1840.   Alors, ils donnèrent à M. Ladvocat l'ordre de l'éteindre et de l'employer *en poudre*.

Cet ordre lui fut donné verbalement; et on lui enjoignit en même temps de remplacer, par $0^{m3}55$ de chaux *en poudre* dans 1^{m3} de mortier, les $0^{m3}50$ de chaux *en pâte* prévus au devis.

M. Ladvocat se conforma, comme il y était obligé, aux ordres des ingénieurs; mais bientôt il crut s'apercevoir que la modification apportée à son devis était préjudiciable à ses intérêts; et, bien que les diverses extinctions en poudre qu'on pratiquait journellement sur ses ateliers donnassent des résultats différents les uns des autres, plus propres à jeter la confusion dans ses idées qu'à les fixer d'une manière nette et précise; cependant il attribuait, en résumé, un *plus grand* foisonnement à l'extinction par le procédé *ordinaire*, c'est-à-dire *en pâte*, qu'à l'extinction par immersion *en poudre*.

Mais ce n'étaient là que de simples conjectures plus ou moins fondées, sur lesquelles des ingénieurs seuls pouvaient jeter la lumière, car les questions relatives à la chaux sont au nombre de celles qui ne peuvent pas être décidées sans le secours loyal de la science.

En effet, si vous voulez éteindre, par immersion en poudre, de la chaux hydraulique, quelle que soit la catégorie à laquelle elle appartienne, pour en connaître le foisonnement, vous obtiendrez des résultats tout à fait différents, suivant le degré de cuisson, le mode de cuisson, l'âge de la chaux, son état de conservation, la grosseur des morceaux, le temps de l'immersion, la pureté de l'eau et sa température, la température atmosphérique, même suivant la nature des matériaux avec lesquels auront été construites les parois des bassins d'extinction dans lesquels vous opérerez.

On conçoit facilement la timidité, la réserve, les hésitations et les perplexités d'un entrepreneur quand, placé déjà sous la dépendance de l'autorité de l'ingénieur et presque entièrement à la merci de ce dernier, il sait que le succès d'une réclamation parfaitement juste dépend encore complétement de sa bonne volonté, de sa bonne foi, de l'usage, bon ou mauvais, qu'il fera de sa science dans l'examen d'une question difficile dont il est seul apte à donner la solution.

Cependant M. Ladvocat réclama, dès l'origine, une vérification au moyen d'expériences contradictoires dirigées par les ingénieurs. Il réclama verbalement, il est vrai; mais il a été bien établi, comme on le verra plus loin, qu'il a réellement réclamé.

Novembre 1840. En novembre 1840, mes travaux de terrassements étaient assez avancés pour que je pusse fonder mes murs, et, par conséquent, employer de la chaux.

MM. les ingénieurs ayant déjà été fixés, au bassin Vauban, sur le mode d'extinction que réclamait la nature de la chaux employée dans les travaux du port, me donnèrent *préalablement* l'ordre de l'éteindre par immersion *en poudre* et de remplacer, par $0^{m3}60$ de *poudre*, les $0^{m3}50$ de *pâte* prévus au devis. M. Chevallier **m'affirma,** en même temps, que *le même* ordre avait été donné à mon confrère, l'entrepreneur du bassin-Vauban, et que ce dernier, éclairé par des expériences entreprises contradictoirement entre les ingénieurs et lui, et par l'emploi qu'il avait fait successivement, dans ses travaux, de la chaux éteinte *en pâte* et de la chaux éteinte *en poudre*, **ne réclamait pas.**

J'étais sans défiance; j'ajoutai foi à une assertion que l'ingénieur me donnait sous la garantie de son honneur et de sa science; je me conformai aux ordres qui m'étaient donnés; je n'éteignis pas la plus petite parcelle de chaux par le *procédé ordinaire* ; je ne fus donc pas mis à même de comparer le foisonnement suivant l'extinction par *ce procédé* et suivant l'extinction *par immersion*, puisque je pratiquai immédiatement et sans interruption ce dernier mode d'extinction.

Mai 1841. A l'occasion d'une réclamation étrangère à celle-ci, M. Chevallier m'écrivit en mai 1841 ; et, comme l'affaire dont il m'entretenait dans sa lettre lui permettait de me parler du foisonnement de la chaux suivant qu'on l'éteint en pâte ou en poudre, il n'hésita pas à me confirmer ce qu'il m'avait déjà avancé au moment où j'allais commencer, en novembre 1840, mes travaux de maçonneries; il s'exprima ainsi : « L'entrepreneur met $0^{m3}60$ de chaux *en poudre* pour remplacer les $0^{m3}50$ de « chaux *en pâte* prévus au devis; mais *l'expérience prouve* que $0^{m3}60$ de chaux en « poudre et $0^{m3}50$ de chaux en pâte équivalent **au même** cube de pierre à « chaux vive. Si l'entrepreneur en doute, je suis prêt à lui en donner la preuve. « Signé : V. Chevallier. »

M. Chevallier m'avait trompé en octobre et novembre 1840.

Il me trompait encore en mai 1841.

Il m'avait dit et me répétait, par lettre, que l'expérience prouvait que $0^{m3}60$ de chaux *en poudre* équivalaient à $0^{m3}50$ de chaux *en pâte*. Il se présentait à moi comme ayant les mains pleines de preuves; il me disait que les mortiers du bassin Vauban étaient réglés à mon confrère au prix de 26 fr. 40 c. le mètre cube; que mon confrère mettait, comme moi, $0^{m3}60$ de chaux *en poudre* pour remplacer les $0^{m3}50$ de chaux *en pâte* prévus au devis, et il ajoutait que ce dernier ne réclamait pas.

Tout cela était inexact, car aucune expérience n'avait *encore* été faite **en mai 1841**. Il n'avait donc et ne pouvait avoir aucune preuve.

Il ne faisait mettre, par mon confrère, que $0^{m3}55$ de *poudre* pour remplacer $0^{m3}50$ de *pâte*, et il réglait ses mortiers, comme les miens, à 26 fr. 40 c. le mètre cube.

Enfin, mon confrère réclamait, bien que M. Chevallier m'affirmât le contraire.

Décembre 1841.
Premières expériences faites sans résultats *concluants*, au dire de M. Chevallier.

En effet, les *premières* expériences qui aient été faites n'ont été entreprises, sur les ateliers du bassin Vauban, **qu'en décembre 1841**; et, de plus, ces expériences n'ont pas même encore, *à cette dernière époque*, amené des résultats *concluants*, comme le prouve une lettre de M. Chevallier lui-même, dont je donnerai plus loin la copie.

M. Ladvocat avait inutilement fait les plus vives instances, en 1840, 1841 et 1842, pour obtenir, de MM. les ingénieurs du Havre, qu'on procédât à des expériences qui permissent d'apprécier *exactement* le foisonnement de la chaux.

Voyant qu'il ne pouvait obtenir aucune solution, il prit le parti de leur rappeler les expériences qui avaient été faites en décembre 1841. Ces expériences avaient donné des résultats *fort différents* les uns des autres; elles avaient laissé, il est vrai, l'entrepreneur dans une fort grande perplexité; mais, en somme, si elles lui avaient révélé sa propre impuissance à rechercher et à prouver la vérité, elles avaient, en même temps, plutôt justifié son opinion que l'opinion contraire.

Juin 1843.

En conséquence, son décompte de 1842 lui ayant été présenté en juin 1843, il inscrivit, à la suite de ce décompte, sa réclamation dans les termes suivants :

« L'entrepreneur réclame que les prix de maçonnerie soient revisés, en faisant entrer
« l'excédant de chaux employée suivant le mode d'extinction par immersion, au lieu
« de la chaux éteinte par le procédé ordinaire, ainsi qu'il était indiqué au devis. Cet
« excédant a été constaté, à trois reprises différentes, par M. l'ingénieur, en pré-
« sence de l'entrepreneur ; enfin, une augmentation de main-d'œuvre pour la con-
« fection des mortiers suivant ce procédé. — Signé : *Ladvocat.* »

Présenter une réclamation rédigée de la sorte, c'était certainement laisser voir son incapacité de la soutenir et même de la formuler, car ce qui précède était évidemment inintelligible pour toute autre personne que pour M. Renaud, M. Chevallier et M. Ladvocat. Aussi, M. Chevallier, qui connaissait toutes les perplexités de son entrepreneur, ne tint-il aucun compte de sa réclamation.

L'année 1843 se passa donc encore, comme les années 1840-1841-1842, sans qu'on fît aucune vérification contradictoire ; et, lors de la présentation de son décompte de 1843, qui lui fut faite le 20 avril 1844, M. Ladvocat déclara, par écrit, le 2 mai de la même année, qu'il maintenait les réclamations qu'il avait faites sur le décompte de l'année précédente. Il ajouta que, ses travaux étant terminés, on pouvait en dresser le décompte général et définitif qui lui était

2 mai 1844.

nécessaire pour qu'il pût se livrer à une vérification utile, et qu'il demandait instamment ce décompte.

M. Chevallier, qui n'avait pas tenu compte des instances que M. Ladvocat avait faites verbalement près de lui en 1840-1841-1842, ni de sa réclamation inscrite en juin 1843 à la suite du décompte de 1842, ne tint pas compte davantage de la réclamation que cet entrepreneur inscrivit, le 2 mai 1844, à la suite du décompte de 1843.

Alors, M. Ladvocat lui écrivit, vers le milieu de juin 1844, une lettre que je n'ai pas en ce moment, mais dont je pourrais me procurer facilement la copie, si cela était utile.

25 juin 1844. M. Chevallier fit, le 25 juin 1844, à M. Ladvocat une réponse ainsi conçue :

« Pour pouvoir apprécier *parfaitement* votre réclamation relative au dosage de la
« chaux de la Hève dans les mortiers, suivant qu'elle est éteinte par le procédé *ordi-*
« *naire* ou *par immersion*, je vous demanderai à faire ensemble quelques *nouvelles*
« expériences, car les expériences faites *en décembre* 1841 ne me paraissent *nullement*
« *s'accorder entre elles*. Je vous prie donc de me prévenir quand vous aurez à éteindre
« de la chaux hydraulique pour les constructions que vous élevez, en ce moment, sur
« le quai sud du bassin Vauban. Nous arrêterions alors les dispositions nécessaires
« pour arriver à des résultats *concluants*. — Signé : V. Chevallier. »

On voit que, pendant la durée des travaux du bassin Vauban et même immédiatement après leur achèvement, M. Chevallier *s'était bien gardé de contester* l'assertion contenue dans la réclamation faite par M. Ladvocat en juin 1843 à la suite du décompte de 1842. Seulement, dans sa lettre du 25 juin 1844, M. Chevallier trouve que les expériences de *Décembre* 1841 ne se sont *pas accordées entre elles* et qu'elles n'ont pas donné des résultats *concluants*. Il a eu soin de laisser deux ans et demi s'écouler et les travaux du bassin Vauban *s'achever complètement* avant de révéler sa pensée relativement à ces expériences de *décembre* 1841. Pourquoi cela ? Parce qu'il mesurait, mieux que l'entrepreneur lui-même, l'importance de l'indemnité à lui revenir, parce qu'il ne voulait lui en accorder aucune, et ne lui donner aucun éclaircissement qui lui permît de vérifier le prix qu'il lui appliquait. Alors, il jouait avec l'impuissance d'un homme qui, n'ayant pas fait d'études spéciales, et manquant des connaissances nécessaires pour se rendre bien compte de sa position, n'osait pas se mettre en lutte ouverte avec l'ingénieur, et reculait devant les efforts à faire pour démontrer la vérité. N'était-il pas dérisoire en effet, de la part de M. Chevallier, de dire, *en juin* 1844, qu'il n'appréciait pas *encore parfaitement* une réclamation que mon confrère avait élevée verbalement dès le mois de *juin* 1840 ? N'était-il pas dérisoire d'avoir attendu jusqu'au mois de *juin* 1844 pour dire que des expériences faites en *décembre* 1841 lui paraissaient ne pas s'accorder entre elles ?

Est-ce que M. Chevallier n'avait pas changé les conditions du contrat en substituant l'extinction et l'emploi de la chaux *en poudre* à l'extinction et à l'emploi de la chaux *en pâte* prévus au devis ?

Est-ce qu'il n'y avait pas là un nouveau prix à débattre et, par conséquent, un nouveau fait à constater?

Est-ce que l'accomplissement du devoir de l'ingénieur peut être subordonné à une invitation de l'entrepreneur de se rendre à tel endroit, tel jour et à telle heure?

Est-ce que M. Chevallier, directeur des travaux, ne savait pas bien qu'il était maître absolu du lieu, du jour, de l'heure qui lui conviendraient pour faire des expériences qu'il était tenu, d'après les prescriptions du cahier des charges, d'accomplir, pendant la durée de l'entreprise, en présence de l'entrepreneur *dûment* convoqué et dans les conditions mêmes que cette entreprise comportait?

Si donc les expériences n'ont pas été faites, c'est évidemment parce que M. Chevallier n'a jamais voulu les faire; ce qui le prouve, c'est que M. Chevallier ne m'a jamais averti, ne m'a jamais convoqué à aucune expérience, bien que je fusse plus maltraité que mon confrère, dont il réglait les mortiers à 26 fr. 40 c. le mètre cube en lui faisant mettre $0^{m3}55$ de *poudre* pour remplacer $0^{m3}50$ de *pâte*, tandis qu'il réglait les miens *au même prix* de 26 fr. 40 c. en me faisant mettre $0^{m3}60$ de *poudre* pour remplacer $0^{m3}50$ de *pâte*.

Cependant, après avoir reçu de M. Chevallier la lettre du 25 juin 1844, M. Ladvocat eut l'espoir que tous les retards apportés jusqu'alors à la solution de cette réclamation allaient avoir un terme. Il fit des préparatifs sur les constructions qu'il élevait sur le quai sud du bassin Vauban (ces constructions sont connues sous le nom d'entrepôt Perrier). Il prévint M. Chevallier, lui donna des rendez-vous auxquels celui-ci ne vint jamais, et, de promesse en promesse, d'ajournement en ajournement, les travaux de l'entrepôt Perrier se trouvèrent aussi terminés sans que de nouvelles expériences comparatives fussent entreprises.

Les choses se maintinrent sur ce pied jusqu'aux événements de 1848; et, à cette dernière époque, bien que ses travaux eussent été terminés, comme les premiers travaux de la Floride, à la fin de l'année 1843, on n'avait remis ni à lui ni à moi les décomptes généraux et définitifs de nos entreprises.

Juillet 1848.

M. Ladvocat et moi avions toujours été, comme je l'ai déjà dit, sur un pied d'hostile concurrence, et nous n'avions pas eu, depuis sept ou huit ans, le moindre rapport l'un avec l'autre. Mais, en juin ou juillet 1848, M. Dubois banquier au Havre, et M. Demondesir, liquidateur des biens et affaires de M. Ladvocat, opérèrent un rapprochement qu'ils jugeaient utile aux intérêts de tous.

M. Ladvocat me montra ses décomptes et sa correspondance.

Je vis que M. Chevallier avait toujours réglé les mortiers de mon confrère au prix de 26 fr. 40 c. en admettant pour lui, compensation entre $0^{m3}55$ de chaux *en poudre* et $0^{m3}50$ de chaux *en pâte*, tandis qu'il avait toujours réglé les miens *au même prix* en admettant, pour moi, compensation entre $0^{m3}60$ de chaux *en poudre* et $0^{m3}50$ de chaux *en pâte*, bien que les conditions des deux entreprises fussent absolument identiques.

Je vis que M. Chevallier m'avait trompé en octobre 1840, quand il m'avait affirmé verbalement que $0^{m3}60$ de chaux *en poudre* et $0^{m3}50$ de chaux *en pâte* équivalaient *au même* cube de pierre à chaux, qu'il m'avait trompé de nouveau *en mai* 1841, quand il me répéta la même affirmation avec la même assurance dans la lettre qu'il m'écrivit, à cette dernière époque.

Je vis *qu'en mai* 1841 il n'avait *aucune preuve* du fait qu'il m'affirmait, attendu que les *premières expériences* n'avaient été faites qu'en *décembre* 1841, et que même elles n'avaient pas amené de résultats *concluants*, au dire de M. Chevallier lui-même.

Je vis qu'on m'avait caché ces expériences de *décembre* 1841, et que, plus tard, *en juin* 1844, mon confrère ayant reçu une invitation de M. Chevallier tendant, *en apparence*, à l'exécution de nouvelles expériences, l'ingénieur s'était bien gardé de me faire une invitation semblable.

J'allai trouver M. Chevallier, et je me plaignis à lui de tout ce qui s'était passé.

Je le prévins en même temps que j'allais faire seul quelques essais, et voir s'il n'y aurait pas un moyen de sortir de l'état d'incertitude dans lequel on paraissait être depuis si longtemps.

Je fis, en effet, des essais. Ils amenèrent des résultats *différents*, il est vrai, et imprévus; mais, en somme, ils justifiaient l'opinion de mon confrère plutôt que l'opinion contraire.

2 octobre 1848. J'adressai alors une réclamation à M. Renaud, ingénieur en chef, et à M. Chevallier, ingénieur ordinaire.

6 janvier 1849. Trois mois et demi après ma réclamation, M. Chevallier me fit une réponse dont je donne de suite la copie :

« A M. N... Testu, 16 janvier 1849.

« Monsieur, la chaux de la Hève employée dans les travaux de la Floride a été
« éteinte et dosée *en poudre*. Vous réclamez une indemnité à cette occasion, parce
« que, suivant vous, les mortiers ont reçu, par le dosage prescrit, plus de chaux que
« le devis n'en prévoyait. Des *expériences* comparatives *peuvent, seules, décider la*
« *question.* M. Chatoney, ingénieur, doit entreprendre ces expériences au bassin de
« l'Eure, le 17 courant à 2 heures de l'après-midi; je vous invite à y assister ou bien
« à vous y faire représenter. L'ingénieur ordinaire. *Signé* V. Chevallier. »

Ainsi, M. Chevallier, qui m'affirmait hautement en **novembre 1840** et **mai 1841**, que $0^{m3}60$ de chaux *en poudre* équivalaient à $0^{m3}50$ de chaux *en pâte*, et qui se présentait à moi comme s'il avait les mains *pleines de preuves*, m'écrit, en **janvier 1849**, que des expériences comparatives peuvent seules décider la question. Loin d'invoquer contre moi la déchéance et la prescription, il me parle de la modification apportée au devis *comme si elle s'était accomplie la veille.* Il n'a plus enfin le même ton d'assurance qu'il avait en 1840 et 1841.

D'où vient ce changement? Il vient de ce que j'avais été mis au courant des faits qu'il m'avait longtemps cachés, et de ce qu'il n'avait plus à faire, comme en 1840 et 1841, à un homme confiant, mais à un homme qui voulait énergiquement s'éclairer sur la question qui était en litige depuis si longtemps entre lui et l'entrepreneur du bassin Vauban.

17-18 et 20 janvier 1849.   Je me rendis aux expériences ; j'y trouvai M. Colignon, ingénieur en chef des ponts et chaussées, beau-frère de M. Dubois. M. Chatoney, ingénieur, s'y trouvait aussi avec plusieurs agents de l'administration.

M. Colignon avait résigné ses fonctions après les événements de 1848, et il était venu aux expériences qui furent entreprises au nombre de trois, pour y représenter M. Ladvocat que sa santé affaiblie écartait déjà de la lutte.

M. Chatoney, qui n'était pas au Havre à l'époque de l'exécution des travaux de la Floride et du bassin Vauban, avait évidemment reçu des instructions de M. Chevallier qui en avait été le directeur. Aussi, fit-il les expériences en employant des matériaux et des procédés tout à fait autres que ceux que nous avions employés *pendant la durée de nos travaux*. Les trois expériences furent faites dans des conditions inacceptables ; on y faisait employer de la chaux cuite *à feu continu*, tandis que sur nos travaux on nous avait fait employer de la chaux cuite *à feu périodique ; sur nos travaux* on ne cassait pas la chaux par petits morceaux, tandis qu'on la faisait casser ainsi *dans les expériences ;* je protestai contre elles ; du reste, M. Chatoney, d'accord avec M. Colignon, en *répudia* **deux**, les *deux premières*, pour des causes que le procès-verbal de ces trois expériences explique, et qu'il est inutile de rappeler ici.

Les mois de janvier, février, mars, avril, mai et juin se passèrent en instances de ma part près de MM. les ingénieurs du Havre. Ces instances avaient pour but d'obtenir de M. Chevallier un rapport quel qu'il fût, qui me permît de connaître et de discuter les motifs sur lesquels les ingénieurs s'étaient fondés pour sortir, *dans les expériences de janvier* 1849, des conditions auxquelles ils nous avaient assujettis *dans la pratique*.

Je n'en obtins que des réponses évasives qu'ils me firent verbalement.

16 juillet 1849.   Alors, j'adressai une réclamation à M. le ministre des travaux publics. Je vins à Paris, j'obtins plusieurs audiences. Je priai M. le ministre d'intervenir ; et, après plusieurs mois passés en démarches et en sollicitations, j'acquis la certitude que M. Chevallier serait enfin forcé de faire connaître sa pensée et ses intentions.

31 décembre 1849.   En effet, il rédigea un rapport qui porte la date du 31 décembre 1849, et qui me fut communiqué le 9 janvier 1850.

9 janvier 1850.   J'ai pu démontrer à l'administration supérieure que ce rapport était rempli d'assertions complètement inexactes. M. Chevallier y avait d'ailleurs discuté *partout* ma réclamation et celle de mon confrère avec **un seul** résultat, et ce résultat était *précisément l'un des deux qui avaient été répudiés et annulés par M. l'ingénieur Chatoney lui-même*, qui avait dirigé les expériences. J'ai eu quelque peine à me faire croire lorsque j'ai avancé ce fait. Mais il a bien fallu se rendre à l'évidence quand je priai l'administration supérieure de vouloir bien consulter le procès-verbal rédigé par M. Chatoney. Elle a reconnu que M. Chevallier n'avait remis qu'un roman entre ses mains.

Pendant que ces faits se passaient entre les ingénieurs du Havre et moi, MM. les liquidateurs des biens et affaires de M. Ladvocat pressaient M. le ministre des travaux publics de rendre une décision sur 25 ou 30 réclamations dont M. Ladvocat

— 15 —

avait saisi l'administration supérieure au sujet des travaux du bassin Vauban. Au nombre de ces réclamations de mon confrère se trouvait celle relative à la chaux.

M. le ministre rendit, le 5 mars 1850, une décision ainsi conçue :

5 mars 1850.

« En ce qui concerne le chef relatif à la chaux, le conseil général des ponts et chaus-
« sées EXPRIME LE REGRET que MM. les ingénieurs du Havre *n'aient pas fait*, PENDANT LA
« DURÉE DES TRAVAUX, des expériences *multipliées* et *contradictoires* qui permissent d'ap-
« précier EXACTEMENT le foisonnement de la chaux éteinte *comme l'indiquait le devis* et
« celui de la chaux éteinte *par immersion*, ainsi que la différence entre le prix de la
« main-d'œuvre qu'exigent les deux procédés. Le conseil général a, en conséquence,
« demandé que MM. les ingénieurs du Havre fussent invités à faire ces expériences en
« présence de l'entrepreneur *dûment* convoqué, et à en transmettre les résultats à
« l'administration avec les autres documents qu'ils pourront recueillir pour *éclairer*
« *complétement* la question. J'adopte de tous points l'avis du conseil général, et je vous
« prie, monsieur le Préfet, de vouloir donner suite à cette affaire dans le sens des in-
« structions qu'il renferme. Pour M. le ministre et par autorisation, le secrétaire géné-
« ral, *Signé* BOULAGE. »

Ainsi, le conseil général des ponts et chaussées reproche, *en* 1850, aux ingénieurs du Havre de n'avoir pas fait des expériences multipliées et contradictoires *dix ans plus tôt, en* 1840-41 ; et il leur enjoint de faire ces expériences en présence de l'entrepreneur dûment convoqué.

Du reste, pas un mot de reproche contre les entrepreneurs dans l'avis du conseil général ni dans la décision ministérielle, tandis que les ingénieurs y sont rappelés sévèrement à leurs instructions et à leurs devoirs qu'ils ont enfreints.

Si donc l'administration elle-même reconnaît que les pertes des entrepreneurs se rattachent uniquement à des fautes commises par ses agents, comment pourrait-on refuser la réparation pleine et entière du préjudice occasionné par ces fautes, et ne pas accorder les dommages-intérêts que nous venons réclamer de la justice du conseil de préfecture ?

J'avais fait une réponse, comme je l'ai dit, au rapport de M. Chevallier, en date du 31 décembre 1849. Je l'ai adressée à M. l'ingénieur en chef ; mais il ne l'a pas transmise à l'administration supérieure (c'est moi qui la lui ai remise plus tard), parce que, me dit-il, j'allais participer au bénéfice de l'instruction demandée pour la réclamation de mon confrère, qui était, en tous points, semblable à la mienne.

Il me promit, en même temps, de me convoquer régulièrement aux expériences prescrites par l'autorité supérieure.

J'y fus en effet convoqué.

29 mai et 30 août 1850.

Elles furent entreprises le 29 mai 1850, et la dernière eut lieu le 30 août de la même année.

Toutes furent faites avec une partialité révoltante. Les ingénieurs s'y mirent en contradiction manifeste avec les ordres écrits et verbaux auxquels nous nous étions conformés pendant la durée des travaux. Il y a plus, quelques-unes d'entre elles ont été falsifiées par un des agents de l'administration; on a porté ce fait à la connaissance de M. le ministre des travaux publics. M. Hermé, qui était alors pour la troisième fois président du tribunal de commerce du Havre, et qui avait suivi toutes les expériences parce qu'il était l'un des liquidateurs de la banque commerciale du Havre, connue sous la raison sociale Dubois et compagnie, qui avait alimenté toutes les grandes entreprises du port, M. Hermé, dis-je, s'était d'abord plaint de ces falsifications à M. l'ingénieur en chef des travaux ; et ce fonctionnaire, loin de se récrier, s'était borné à lui déclarer qu'il ne pouvait répondre que de lui-même, et non des agents placés sous ses ordres.

Alors MM. Hermé et Dubois ont immédiatement signé une protestation contre ces expériences, et ils ont demandé en même temps à M. le ministre que d'autres fussent entreprises par une commission composée de fonctionnaires choisis dans le sein de l'administration supérieure.

3 septembre 1850. Cette protestation est la pièce n° 2. Elle porte la date du 3 septembre 1850.

3 octobre 1850. Je remis aussi à M. le ministre un Mémoire signé par moi. Je réclamai, comme l'avaient fait MM. les liquidateurs de la banque commerciale, la formation d'une commission.

Ce Mémoire est la pièce n° 3. Il porte la date du 3 octobre 1850.

19 novembre 1850. Nouveau Mémoire signé par MM. les liquidateurs de la Banque commerciale, et présenté par moi à M. le ministre le 19 novembre 1850. Ce Mémoire contient encore la demande de la nomination d'une commission. Il porte le n° 4.

15 décembre 1850. MM. Renaud et Chevallier adressèrent, sous cette dernière date, chacun un rapport à l'administration supérieure. Aussitôt que je pus avoir communication de ces deux rapports, je rédigeai une réponse que je remis à M. le ministre et à MM. les membres de la commission ; car, à cette époque, nous venions d'obtenir la formation d'une commission qui fut composée de MM. Mallet, inspecteur général, président, de M. Lemasson, inspecteur divisionnaire, et de M. Schwilgué, inspecteur divisionnaire.

Cette réponse est la pièce qui porte le n° 8.

A la suite de ma réponse se trouvent toutes les pièces justificatives.

MM. les membres de la commission me permirent de me mettre de suite en rapport avec eux.

Ils avaient reçu de M. le ministre toutes les pièces concernant nos reclamations, aussi bien les pièces émanant des entrepreneurs que celles émanant des ingénieurs.

Ils examinèrent ces pièces.

24 avril 1851. Comme ils devaient se réunir dans les premiers jours du mois de mai 1851, je leur présentai, le 24 avril de la même année, en même temps qu'à M. le ministre, un nouveau Mémoire. C'est celui qui porte le n° 5.

MM. les ingénieurs du Havre ayant vu ma persévérance, et reconnu qu'il leur serait impossible de m'éconduire, comme ils avaient éconduit M. Ladvocat, par des leurres et par des ajournements continuels, avaient invoqué contre moi la déchéance et la prescription dans leurs rapports de décembre 1850 ; ils avaient eu recours à ce moyen pour empêcher que ma réclamation fût discutée. Ils voulaient l'écarter de suite par cette fin de non-recevoir.

Alors, dans le mémoire que j'ai présenté, le 24 avril 1851, à M. le Ministre et à MM. les membres de la Commission, j'ai exposé tous les faits qui s'étaient accomplis, tant sur les travaux du bassin Vauban que sur ceux de la Floride, entre les ingénieurs et les entrepreneurs de ces travaux.

24 avril 1851. En même temps et sous la même date, MM. les liquidateurs présentèrent encore à M. le Ministre et à MM. les membres de la Commission un mémoire que j'ai marqué du n° 6.

24 avril 1851. Je remis encore à MM. les membres de la Commission deux Lettres en réponse à des objections qui m'avaient été faites par l'un d'eux.

Ils furent mis ainsi à même d'apprécier, en toute connaissance de cause, si la déchéance et la prescription pouvaient nous être appliquées.

Ils *écartèrent* ce moyen que les ingénieurs avaient invoqué contre nous; ils décidèrent que nos réclamations seraient admises et *discutées* et que de *nouvelles* expériences *seraient entreprises* par eux.

C'était ce que nous désirions.

Mais il leur fallut du temps pour examiner et instruire cette affaire au milieu des nombreux travaux de leur service ordinaire.

Le moment des tournées d'inspections et des vacances arriva.

Les expériences furent remises à un temps plus reculé.

12 mars 1852. Elles furent entreprises, le 12 mars 1852, dans un chantier dépendant de la pompe à feu de Chaillot. — Je fis venir de la chaux du Havre pour chacune d'elles.

MM. les inspecteurs se sont adjoint M. Baudart, ingénieur ordinaire de première classe attaché aux travaux de la ville de Paris.

M. Chatoney, ingénieur ordinaire de première classe, attaché aux travaux du port du Havre, assista à ces expériences, où il représentait MM. Renaud et Chevallier.

Du côté des entrepreneurs, il y avait seulement M. Dubois, qui a assisté, avec moi, à toutes les expériences ainsi qu'à la vérification et à la constatation de leurs résultats.

31 mai 1852. Elles furent closes le 31 mai 1852.

Elles avaient été faites, comme vous le voyez, Messieurs, par les soins, sous la surveillance et le contrôle de deux inspecteurs généraux, d'un inspecteur divisionnaire et de deux ingénieurs ordinaires de première classe des ponts et chaussées. Dirigées loyalement, et avec l'intention formelle d'arriver à la vérité, elles ont justifié nos prétentions et infirmé celles des ingénieurs du Havre.

Des procès-verbaux de chacune d'elles et de leurs résultats ont été dressés par M. l'ingénieur Chatoney, nous ont été communiqués, et nous les avons signés après en avoir pris copie.

Ensuite, la Commission a rédigé un rapport qui faisait droit à notre demande en ce qui concerne le foisonnement de la chaux ; et le conseil général des ponts et chaussées a adopté les conclusions de ce rapport.

Ce dernier document nous a été communiqué pour que nous puissions prendre connaissance de l'établissement du compte de l'indemnité à nous revenir.

21 août 1852. Enfin, M. le Ministre des travaux publics a rendu une décision qui allouait à M. Ladvocat une indemnité de **115,652** fr. **84** c., et à moi, eu égard à la moins grande quantité de travaux de maçonnerie exécutés à la Floride, une indemnité de **52,576** fr. **34** c., plus les intérêts à partir du jour de la demande.

Mais il est bien évident que je n'avais pas pu demander, dans l'origine, les intérêts d'un capital dont la perte m'avait été cachée avec tant de soin et de précaution par M. Chevallier, qui m'avait donné l'assurance, de la manière la plus formelle, mais en même temps la plus inexacte, — qu'il avait fait des expériences, — qu'elles avaient démontré que $0^{m3}60$ de chaux en poudre équivalaient à $0^{m3}50$ de chaux en pâte, — et que, par conséquent, je ne subissais aucune perte; tandis qu'au contraire, la vérité était — qu'il n'avait fait encore aucune expérience, qu'il n'avait aucune preuve, — qu'il savait bien qu'il m'infligeait une surcharge ruineuse, — qu'il appliquait à mon confrère un règlement différent de celui qu'il m'appliquait, — qu'il réglait ainsi, et à l'insu l'un de l'autre, avec deux poids et deux mesures, deux entrepreneurs placés dans des conditions absolument identiques, — et qu'il me cacha plus tard les expériences qu'il fit et celles qu'il promettait à mon confrère de renouveler avec lui, sans avoir, il est vrai, l'intention ni la volonté de jamais les entreprendre.

Telle a été ma situation et celle de mon confrère pendant la durée de nos travaux, situation qu'il était du devoir de l'ingénieur de faire cesser dès l'origine, car il y avait eu modification aux devis, par conséquent de nouveaux prix à débattre, et des faits nouveaux à constater au moyen d'expériences contradictoires.

Or, dans ce cas, le cahier des charges impose à l'ingénieur l'obligation de faire ces expériences, afin qu'il s'éclaire lui-même sur la valeur du changement apporté dans les conditions du marché, et qu'il éclaire en même temps l'Administration et les entrepreneurs.

L'ingénieur a fait tout le contraire; il s'est efforcé, depuis l'origine jusqu'à la fin de cette affaire, d'écarter la vérité, d'égarer les entrepreneurs, et, plus tard, l'Administration elle-même, au moyen de rapports dans lesquels il discutait nos réclamations en s'appuyant sur des résultats imaginaires ou controuvés.

Nous avons donc réclamé, à titre de dommages-intérêts, les intérêts à partir de l'époque moyenne (juin 1841) où la perte a été subie par nous, car nous avons toujours été placés dans le cas où la loi les fait courir ainsi de plein droit.

Les termes de la décision ministérielle, en date du 5 mars 1850, dont j'ai donné un extrait plus haut suivant l'ordre des faits, et ceux de la décision ministérielle du 21 août 1852 dont la copie entière précède cet exposé prouvent clairement que l'Administration supérieure et le conseil général des ponts et chaussées ont reconnu que, non-seulement les ingénieurs du Havre ont commis un acte de regrettable négligence en ne faisant pas, en 1840, les expériences contradictoires nécessaires pour éclairer la question et écarter les erreurs matérielles dont nous avons été victimes, mais encore qu'ils ont fait un déplorable abus de leur science et de l'influence de leur position sur leurs subordonnés.

11 décembre 1852. Les mandats de paiement des sommes ci-dessus nous ont été délivrés le 11 décembre 1852. Ils ne comprenaient que le capital. Nous avions annoncé, que nous entendions n'accepter que les intérêts à partir de l'époque à laquelle le capital qui nous était légitimement dû nous avait été successivement retenu par suite des manœuvres que nous avons fait connaître et des erreurs matérielles qui, comme le porte la décision ministérielle en date du 21 août 1852, ne peuvent pas nous être imputées.

Tels sont les faits qui se sont passés depuis le mois de mars 1840 jusqu'au mois de décembre 1852, dans cette affaire que nous venons avec confiance soumettre à la justice du Conseil de préfecture, en réclamant d'elle les dommages-intérêts qui nous sont dus.

EXTINCTION DE LA CHAUX.

J'ai dit, au commencement de cet exposé, que l'indemnité qui nous a été accordée sur le chef relatif aux frais et à la main-d'œuvre de l'extinction de la chaux par immersion était loin d'être proportionnée à la perte que nous avons subie.

La commission a trouvé que 1 mètre cube de chaux *vive*, produisant 1^{m}80 de chaux *en poudre*, coûtait, à éteindre *par immersion*, la somme de............ 0 fr. 76 c.

Par conséquent, à suivre le calcul de la commission, la main-d'œuvre de l'extinction de la quantité de chaux vive équivalente à 0^{m}60 de poudre qui entraient dans chaque mètre cube de mortier à la Floride revenait à la somme de... 0 fr. 25 c.

Et la main-d'œuvre d'extinction de la quantité de chaux vive équivalente à 0^{m}55 de poudre qui entraient dans chaque mètre cube de mortier au bassin Vauban revenait à la somme de.. 0 fr. 23 c.

Elle a trouvé aussi que la main-d'œuvre d'extinction, par le procédé *ordinaire*, de 1 mètre cube de chaux *vive*, produisant 2^{m}14 de chaux *en pâte*, revenait à la somme de.. 0 fr. 30 c.

Par conséquent, la main-d'œuvre d'extinction de la quantité de chaux vive équivalente à 0^{m}50 de chaux *en pâte* qui devaient entrer dans chaque mètre cube de mortier à la Floride et au bassin Vauban serait revenue à,............. 0 fr. 08 c.

La commission a donc alloué à M. Ladvocat, par mètre cube de mortier fabriqué avec 0^{m}55 de chaux en poudre, une indemnité de 0 fr. 23 c. — 0 fr. 08 c. 0 fr. 15 c.

Et à moi, par mètre cube de mortier fabriqué avec $0^m 60$ de poudre, une indemnité de 0 fr. 25 c. — 0 fr. 08 c.................................... 0 fr. 17 c.

Tels sont les chiffres dont la commission a augmenté le prix de nos mortiers pour le surcroît de dépenses de main-d'œuvre occasionné par la modification apportée au devis dans le mode d'extinction de la chaux.

Si l'on consulte le rapport de la commission, on reconnaîtra que les chiffres ci-dessus sont très-approximativement exacts, et l'on verra aussi que la déclaration faite, dans ce rapport, à l'égard du surcroît de nos dépenses pour l'extinction par immersion en poudre, revient à dire que l'indemnité à nous revenir doit être, en réalité, BIEN PLUS GRANDE que celle qui nous a été accordée, mais que malheureusement la Commission manquait des renseignements nécessaires pour en établir le montant comme il doit l'être.

Nous donnerons plus loin ces renseignements, et nous avons l'espoir qu'ils mettront le conseil de préfecture à même de reconnaître la justice de notre demande.

Nous demandons 3 francs 42 c. pour frais et main-d'œuvre d'extinction par immersion de 1 mètre cube de chaux *vive* produisant $1^m 80$ de chaux *en poudre*, soit. 3 fr. 42 c.

C'est donc, par mètre cube de mortier absorbant $0^m 60$ de chaux *en poudre* à la Floride.. 1 fr. 14 c.

Et par mètre cube de mortier absorbant $0^m 55$ de chaux *en poudre* au bassin Vauban... 1 fr. 05 c.

L'extinction par le procédé *ordinaire* d'un mètre cube de chaux *vive* produisant $2^m 14$ de chaux *en pâte* ne nous serait certainement pas revenue à plus de 0 fr. 30 c. C'est à ce prix qu'est revenue la main-d'œuvre de l'extinction par ce procédé dans les expériences de la commission où l'on faisait une manœuvre dont on aurait pu se dispenser presque toujours sur les ateliers de nos travaux. Admettons cependant ce chiffre, soit.. 0 fr. 30 c.

Par conséquent, la main-d'œuvre d'extinction par le procédé ordinaire de la quantité de chaux vive produisant $0^m 50$ de chaux *en pâte* que nous devions mettre dans nos mortiers nous serait revenue, par mètre cube de mortier, à la somme de 0 fr. 08 c., soit... 0 fr. 08 c.

L'indemnité à revenir à M. Ladvocat sera donc, par mètre de mortier, de 1 fr. 05 c. — 0 fr. 08 c.. 0 fr. 97 c.

Dont il faut déduire les 0 fr. 16 c. comptés par la commission, soit.. 0 fr. 16 c.

Il restera à lui compter par mètre de mortier.................... 0 fr. 84 c.

Et l'indemnité à me revenir sera, par mètre de mortier, de 1 fr. 14 c. — 0 fr. 08 c.. 1 fr. 06 c.

Dont il faut déduire les 0 fr. 18 c. comptés par la commission, soit... 0 fr. 18 c.

Il restera à me compter par mètre cube de mortier............... 0 fr. 88 c.

La justification de cette demande se trouve : 1° dans des Traités sur la chaux qui ont été publiés par des ingénieurs éminents du corps des ponts et chaussées et du génie militaire quelque temps avant l'exécution de nos travaux ; 2° dans les devis des ingénieurs du Havre eux-mêmes ; 3° dans les déclarations qui nous ont été faites par MM. les inspecteurs généraux et divisionnaires, membres de la Commission, pendant les expériences qu'ils ont faites à Paris, déclarations qu'ils ont reproduites ensuite dans leur rapport.

1. M. Vicat, aujourd'hui inspecteur général des ponts et chaussées, rend compte (pages 82, 83 et 84 de son ouvrage) d'une opération faite en grand sur les travaux du pont de Souillac. Il dit (en tête de la page 84) que l'extinction par immersion en poudre de 34$^{m\,3}$55 de chaux vive, exige 56 journées d'ouvriers. Or au Havre, la journée des ouvriers occupés à l'extinction en poudre était payée 2 fr. 40 c., et nous leur donnions en outre toujours une indemnité, parce qu'ils usaient leurs vêtements et leurs chaussures plus que les ouvriers occupés à d'autres travaux, et aussi parce que ce genre de travail altérait leur santé et notamment la vue.

56 journées d'ouvriers à 2 fr. 40 c. = 134 fr. 40 c., qui, divisés par 34$^{m\,3}$55, donnent, pour l'extinction *par immersion* d'un mètre cube de chaux vive, 3 fr. 89 c.

Tel est le renseignement émanant de M. Vicat.

1 bis. M. Raucourt de Charleville, ingénieur en chef des ponts et chaussées, dit (page 15) que, quant aux 2e et 3e procédés d'extinction (*par immersion en poudre*, et spontané en poudre), comme ils sont *coûteux* et n'ont d'autre objet que de faire développer aux pierres à chaux un peu plus de base hydraulique en leur faisant perdre de leur volume, et, par suite, beaucoup de parties enveloppantes, etc., etc.

Plus loin (page 18), il dit que le choix du procédé d'extinction peut donner des qualités hydrauliques aux mélanges, que l'on devra faire au choix, ce qui n'est pas toujours facile, attendu que le 1er procédé d'extinction (*en pâte*) est toujours *le plus économique*, 1° par rapport à *la main-d'œuvre* ; 2° parce qu'il faut moins de chaux pour faire un même volume de mortier. En conséquence, ajoute M. Raucourt de Charleville, suivant que les idées d'*économie* ou de *solidité* sont en première ligne, on arrivera à des préférences.

Plus loin encore (je ne me rappelle pas la page, mais je la retrouverai facilement, au besoin, dans la seconde édition que je n'ai pas en ce moment), il dit que l'expérience a appris qu'il fallait une journée de manœuvre pour éteindre vingt-quatre pieds cubes de chaux vive par immersion en poudre, ce qui porte l'extinction, au Havre, d'un mètre de chaux vive par le même procédé (*en poudre*) à la somme de 3 fr. 00 c.

Tels sont les renseignements qui émanent de M. Raucourt.

1 ter. M. Treussart, général du génie, dit (page 12 de son Traité) : « On a essayé d'employer, en grand, à Strasbourg, le procédé d'extinction *par immersion* ; mais on a trouvé que ce moyen donnait quelques *embarras* et présentait quelques *inconvénients*. En effet, il faut avoir des paniers et concasser les grosses pierres ; il faut obte-

nir, des ouvriers, qu'ils ne laissent la chaux plongée dans l'eau qu'un nombre de secondes déterminé, ce qui n'est pas toujours facile ; il se perd une portion de chaux qui tombe au fond de la cuve dans laquelle on fait l'immersion ; lorsque la chaux est réduite en poudre, il faut la mesurer avant d'en faire du mortier ; et, pour peu qu'il fasse du vent, on en perd beaucoup. Les inconvénients ci-dessus, etc., etc. »

Tels sont les renseignements qui émanent de M. le général du génie Treussart.

M. le général Treussart ne donne pas le prix auquel revenait l'extinction *par immersion en poudre*, mais il en parle de manière à faire voir que cette extinction était *fort coûteuse*, qu'elle présentait beaucoup d'embarras, d'inconvénients, de déchets, qu'elle exigeait beaucoup de soins, et qu'en définitive ces frais et ces inconvénients ont forcé les officiers du génie de la place de Strasbourg à renoncer au procédé d'extinction *par immersion* pour n'employer, comme par le passé, que le procédé d'extinction *ordinaire*, c'est-à-dire *en pâte*.

Ainsi, M. Vicat, inspecteur général des ponts et chaussées, donne le détail d'une expérience faite en grand, sur $34^{m\,\text{à}}\,55$ de chaux vive dans les ateliers d'un grand travail en cours d'exécution (le pont de Souillac) ; et l'on voit que le prix de revient de l'extinction *par immersion en poudre* d'un mètre cube de chaux vive a été **3** fr. **89** c.

M. l'ingénieur en chef Raucourt de Charleville dit que le procédé d'extinction *par immersion en poudre* est *coûteux*. Il dit que le premier procédé d'extinction (*en pâte*) est toujours le *plus économique* par rapport *à la main-d'œuvre*; que, si les idées *d'économie* sont mises en première ligne, on éteindra la chaux *en pâte*, mais qu'au contraire, si les idées de *solidité* sont mises en première ligne, on éteindra la chaux *en poudre*. Je ferai observer que M. Vicat tient à peu près le même langage dans son traité sur les chaux.

Il résulte donc, des renseignements puisés dans des ouvrages remarquables écrits par des ingénieurs des ponts et chaussées et du génie militaire, que l'extinction *par immersion en poudre* présente de grands avantages pour les travaux, mais quelle présente beaucoup d'embarras et d'inconvénients, et qu'elle nécessite beaucoup plus de frais que l'extinction *en pâte*, celle et la seule que, d'après nos devis, nous devions mettre en pratique sur nos travaux du bassin de Vauban et de la Floride.

En outre, M. Raucourt de Charleville ajoute que l'expérience a appris qu'il fallait une journée de manœuvre pour éteindre 24 pieds cubes de chaux vive par immersion en poudre, ce qui porte le prix de l'extinction *en poudre*, au Havre, du mètre cube de chaux vive, à.. **3** fr.

2. Nous allons faire connaître maintenant les documents qui nous sont donnés par les devis de MM. les ingénieurs du Havre eux-mêmes :

Nous dirons d'abord que tous les devis *antérieurs* à ceux des travaux du bassin Vauban et de la Floride, dont les adjudications ont été passées à la fin du mois de septembre **1839**, *ne prévoient pas* l'extinction *par immersion en poudre*. Ils ne prévoient que l'extinction par le procédé *ordinaire en pâte*. On y chercherait vainement autre chose.

Les devis du bassin Vauban et de la Floride eux-mêmes ne prévoyaient et ne prescrivaient que l'extinction par le procédé *ordinaire en pâte*, puisque c'est, on le sait, par une modification que les ingénieurs ont apportée à ces devis, que nous avons mis en pratique l'extinction *par immersion en poudre*.

C'était la première fois que ce nouveau procédé était mis, au Havre, en pratique ; et, si nous y mettions beaucoup de bonne volonté, nous y mettions aussi l'inexpérience qui s'attache à toute opération que l'usage n'a pas encore appris à faire vite et bien.

Mais les derniers devis qui ont été rédigés pendant le cours de l'exécution des travaux du bassin Vauban et de la Floride ont prévu que la chaux vive pourrait être, au choix des ingénieurs, éteinte soit *en pâte*, soit *en poudre*. Ainsi, dans le devis des entretiens du port pour le bail des années 1843-44-45, rédigé, en 1842, par MM. Renaud et Chevallier, devis dont je donnerai un extrait, on lit, article 22, que l'entrepreneur *devra se conformer aux prescriptions* des ingénieurs pour le *mode d'extinction*.

Dès lors, en **1842**, après plus de deux années d'expérience de l'extinction *par immersion en poudre* sur les travaux du bassin Vauban et de la Floride, les ingénieurs du Havre avaient reconnu, comme les auteurs dont j'ai cité les noms plus haut, les bons effets produits par l'emploi de la chaux éteinte par ce procédé ; et, pour *n'être pas assujettis* à la nécessité de *modifier*, à l'avenir, leurs devis comme cela avait eu lieu au bassin Vauban et à la Floride, ils se sont réservé la faculté de *prescrire* le procédé d'extinction qu'ils jugeraient le plus convenable de faire employer par les entrepreneurs. Mais, dans la série de prix des entretiens pour les années 1843-44-45, dont je donne également un extrait, et qui correspond au devis dont je viens de parler, ils *n'ont pas encore prévu de prix* pour la *main d'œuvre de l'extinction* par immersion. Nos travaux du bassin Vauban et de la Floride n'étaient pas encore terminés ; et MM. les ingénieurs, avant de fixer un prix dans la série pour *l'extinction par immersion en poudre*, voulaient sans doute avoir fait de plus longues observations.

En effet, le devis des entretiens du port du Havre, rédigé, en 1845, par les mêmes ingénieurs pour le bail des années 1846-47-48, réserve encore (article 22) aux ingénieurs la faculté de *prescrire* le mode d'extinction qu'ils jugeront le plus convenable d'employer ; et, **de plus**, la série de prix correspondante à ce dernier devis *prévoit et porte le prix de l'extinction* à **2** fr. **50** c. par mètre cube de chaux hydraulique vive (N° 58), et à **3** fr. par mètre cube de chaux grasse vive (N° 59). Je donne encore, joint au présent, des extraits de ce dernier devis et de cette dernière série de prix. Je ferai remarquer que cette série porte simplement :

Extinction d'un mètre cube de chaux hydraulique vive............. 3 fr. 50 c.
Extinction d'un mètre cube de chaux grasse vive................. 3 fr. »

En sorte qu'on pourrait penser que les ingénieurs du Havre ont entendu payer, *au même* prix, l'extinction *en pâte* et l'extinction *en poudre*, dont le choix leur était réservé, et que, par conséquent, ils ont estimé, après longues observations, que l'extinction *en pâte* coûtait aussi cher que l'extinction *en poudre*. Mais cette opinion serait complétement erronée, et nous allons le démontrer.

Nous ferons observer que les frais d'extinction *en pâte* ont toujours été considérés comme tellement minimes par tous les ingénieurs et les entrepreneurs, qu'aucun d'eux n'y avait jamais eu égard; et nous ajoutons, à l'appui de cette assertion, que, pendant tout le temps que l'extinction *en pâte* a dû être et a été en effet *pratiquée*, dans les travaux du port du Havre, aucun devis, jusqu'en 1842 et 1845, n'a prévu un prix pour les frais d'extinction en pâte.

Cette observation mérite certainement attention.

Elle est pleinement justifiée d'ailleurs par le résultat que MM. les inspecteurs généraux et divisionnaires des ponts et chaussées, membres de la commission, ont trouvé dans les expériences faites à Paris en 1852. Ils ont trouvé que les frais de l'extinction en pâte revenaient à 0 fr. 30 c. par mètre cube de chaux vive.

Après l'affirmation que j'ai donnée au sujet des frais presque *nuls* de l'extinction en pâte, affirmation dont la vérité sera reconnue incontestable si on veut la vérifier auprès de tous les ingénieurs et entrepreneurs de France; — après le renseignement que je viens de donner au sujet des frais de cette même extinction, renseignement qui émane de MM. les membres de la Commission instituée pour examiner nos réclamations, croira-t-on que MM. les ingénieurs du Havre aient jamais entendu, en **1845**, en rédigeant leurs devis et séries pour les entretiens du port et pour d'autres travaux, appliquer à l'extinction *en pâte* les prix de **2** fr. **50** c. et **3** fr. par mètre cube de chaux vive? Non, on ne le croira pas; on ne croira pas que MM. Renaud et Chevallier aient établi, en pleine et entière connaissance de cause, dans leurs séries, des prix tels que les entrepreneurs pussent réaliser un bénéfice de neuf et même dix capitaux pour un.

Assurément, avec cette faculté que MM. Renaud et Chevallier se sont réservée de faire éteindre, à leur volonté, la chaux, soit *en pâte*, soit *en poudre*, il pourrait arriver que des ingénieurs, désirant favoriser certains entrepreneurs aux dépens de la solidité des ouvrages, comme le dit M. l'ingénieur en chef Raucourt de Charleville, fissent pratiquer, par ces entrepreneurs favorisés, l'extinction *en pâte* au lieu de l'extinction *en poudre*.

Alors, ces derniers réaliseraient évidemment un bénéfice de neuf à dix capitaux pour un; et, sur des travaux tels que ceux du bassin Vauban et de la Floride, ce serait déjà un bel avantage. Mais ces exemples de protection à outrance sont rares; je n'en connais pas encore qui se soient produits dans les travaux dirigés par les ingénieurs du port du Havre; et la meilleure preuve que j'aie à donner qu'ils n'ont jamais entendu faire réaliser, par les entrepreneurs, des bénéfices hors de toute proportion connue, c'est que depuis le mois de juin 1840 jusqu'à ce jour, ils n'ont jamais fait éteindre, à ma connaissance, la moindre parcelle de chaux vive, au Havre, par le procédé ordinaire, c'est-à-dire en pâte.

A quel procédé d'extinction ont-ils donc entendu appliquer les prix de **2** fr. **50** c.

et **3** fr., prévus dans leurs devis depuis 1845, après l'exécution des travaux du bassin Vauban et de la Floride? Au seul procédé d'extinction *par immersion en poudre* qu'ils ont fait *exclusivement* pratiqué, d'abord à partir de **1840**, sur les travaux du bassin Vauban et de la Floride **sans en avoir le droit,** et ensuite sur tous les autres travaux du port, **après s'être réservé** la faculté de *prescrire* cette nouvelle extinction.

Sur quels ateliers ont été faites, par des ingénieurs aussi minutieusement exacts que MM. Renaud et Chevallier, les observations qui les ont conduits à prévoir, en 1845, les prix de **2** fr. **50** c. et **3** fr. pour l'*extinction en poudre?* Sur les ateliers du bassin Vauban et de la Floride, attendu que c'est seulement là que, *depuis* **1840** *jusqu'en* **1845**, on a éteint des masses de chaux hydraulique *par immersion en poudre.*

Par conséquent, nous demandons, comme on l'a vu au commencement de cette discussion, qu'on nous applique, pour frais et main-d'œuvre de l'extinction par immersion subsituée à l'extinction en pâte prévue au devis, non pas le prix de 2 fr. 50 c. porté en 1845 dans la série des entretiens du port pour le bail de 1846-47-48, mais bien le prix de 3 fr. 42 c. qui, d'après MM. Vicat, Raucourt et Troussart, est le prix de revient de cette extinction au Havre.

Nous faisons observer qu'en 1840, alors qu'on nous a prescrit l'extinction par immersion en poudre que nous ne connaissions pas, nous ne pouvions certainement pas y apporter plus d'intelligence, d'expérience, d'activité et d'économie que n'en apportaient, quelques années avant nous, les ingénieurs éminents que nous venons de citer.

Nous faisons encore observer, en terminant, que, lorsque MM. les membres de la Commission s'en sont tenus au chiffre de 0 fr. 75 c. à 0 fr. 80 c. comme représentant, dans leurs expériences, la dépense pour main-d'œuvre de l'extinction, par immersion, d'un mètre cube de chaux vive, ils ont déclaré qu'il était certain que nos frais et notre main-d'œuvre, pendant le cours de nos travaux, avaient dû s'élever, en réalité, à un chiffre beaucoup plus considérable. Et cette déclaration a été consignée dans leur rapport.

FABRICATION DES MORTIERS.

Les devis du bassin Vauban et de la Floride ne contiennent aucune prescription particulière au sujet du mode de fabrication des mortiers. Ils renvoient, pour les détails, au devis des entretiens du port pour les années 1837-38-39, qui prescrit la fabrication *au moyen de rabots.*

Ce mode de fabrication des mortiers, qui avait toujours été mis *exclusivement* en pratique dans tous les travaux hydrauliques du port du Havre jusqu'**en 1840** est loin d'être parfait. Cependant on peut l'employer sans inconvénient avec de la chaux **grasse** éteinte directement **en pâte** comme on l'avait éteinte, au Havre, jusqu'à cette époque, parce que la chaux, ainsi éteinte, contient généralement fort peu de morceaux paresseux. Mais il n'en était pas de même avec la chaux **hydraulique** éteinte par immersion **en poudre** sur nos travaux.

Comme c'était la première fois qu'on prescrivait l'emploi de cette sorte de chaux, au Havre, on était loin de savoir la cuire d'une manière parfaite; elle sortait donc des fours très-inégalement cuite; et beaucoup de morceaux résistaient à l'extinction par immersion, que d'ailleurs nous ne savions pas alors pratiquer aussi bien qu'on la pratique aujourd'hui.

Dès lors, il fallait recourir à un nouveau mode de fabrication des mortiers propre à écraser et à disséminer les incuits et morceaux paresseux dans la masse de l'alliage, ce à quoi, dit M. Vicat, inspecteur général des ponts et chaussées, ne se prête pas l'emploi des rabots.

Ce nouveau mode de fabrication fut celui des manéges à roues qui favorise, ajoute M. Vicat, l'introduction des incuits et des morceaux paresseux dans la composition des mortiers.

M. Chevallier prescrivit donc, en **1840**, à M. Ladvocat et à moi, l'emploi des **manéges à roues**.

Il est vrai que M. Chevallier voulut insinuer, en **1850**, qu'il ne nous avait pas prescrit ce nouveau mode de fabrication des mortiers, et que c'était nous, au contraire, qui avions demandé à l'employer. Mais j'ai pu prouver que c'était bien M. Chevallier qui nous avait prescrit ce nouveau mode de fabrication, auquel nous n'aurions jamais songé et qui nous était inconnu :

Ce procédé est économique quand on l'emploie avec de la chaux éteinte *directement* **en pâte**. On peut faire, avec du sable et de la chaux ainsi éteinte, **86** mètres cubes de mortier par jour; et l'expérience a prouvé que les dépenses ne s'élevaient pas à plus de **53** c. par mètre de mortier.

Avec l'emploi des rabots, le mortier composé de chaux **en pâte** et de sable revient entre 1 fr. 20 c. et 1 fr. 50 c. le mètre cube. Il y a donc de l'économie, quand on a une quantité très-considérable de mortiers à fabriquer, à construire et à employer des manéges ; mais, comme je l'ai déjà dit, on n'en avait jamais fait l'emploi, au Havre, *avant* **1840**.

L'économie disparaît quand on n'a que peu de mortier à fabriquer, car l'emploi des rabots ne nécessite pour ainsi dire aucun frais, tandis que l'emploi des manéges nécessite des avances de fonds pour leur construction, et ensuite des frais pour leur entretien; et ces avances de fonds et ces frais sont assez considérables, comme on le verra plus loin. Aussi, faut-il fabriquer beaucoup de mortier pour en être couvert.

Les articles 51, 127, 128 et 130 du devis de la Floride, prescrivaient l'emploi d'un mortier composé de chaux **en pâte** et de sable dans des parties d'ouvrages déterminées et prévues qui sont les maçonneries de béton et de moellon. Le cube de ce mortier devait approximativement s'élever et s'est élevé en effet à 6,775ᵐ 33 dans les travaux de la Floride, et à 20,000ᵐ³ 00 environ dans les travaux du bassin Vauban.

Les articles 125 et 126 du même devis prescrivaient l'emploi d'un mortier composé de chaux **en pâte** et pouzzolane artificielle dans des parties d'ouvrages déterminées et prévues qui sont les maçonneries de pierre de taille, de granit et de libages de Ranville. Le cube de ce mortier devait approximativement s'élever et s'est élevé en effet à 430ᵐ 83 dans les travaux de la Floride.

Je donne séparément une copie de ces articles qui sont tout à fait semblables à ceux du devis du bassin Vauban. On aura ainsi sous les yeux les termes eux-mêmes du contrat qui liait les entrepreneurs envers l'État, et l'Etat envers les entrepreneurs.

Mais, pour des motifs de convenance et d'utilité, M. Chevallier a jugé à propos, on le sait, de modifier le devis pendant la durée des travaux.

Il nous a fait éteindre notre chaux par immersion **en poudre**; et il a ordonné à M. Ladvocat et à moi de composer nos mortiers, l'un avec **0ᵐ³55**, l'autre avec **0ᵐ³60** de chaux ainsi éteinte, mêlée tantôt avec du sable et de la pouzzolane artificielle, tantôt avec du sable seulement.

Combien nous a coûté le mortier de la nouvelle espèce fabriqué, suivant la modification apportée aux devis, avec de la chaux éteinte *préalablement* **en poudre**?

Combien nous aurait coûté le mortier fait, suivant les prescriptions de nos devis, avec de la chaux éteinte *directement* **en pâte**?

Telles sont les deux seules questions auxquelles il faut répondre pour arriver à connaître l'indemnité qui nous est due au sujet de la fabrication de nos mortiers.

Nous allons le faire en produisant des documents irrécusables :

Il a été constaté authentiquement sur les ateliers de la Floride, par une suite d'expériences, qu'un manége à trois roues, mis en mouvement par deux chevaux, confectionnait au plus par jour 12 mètres cubes de mortier avec de la chaux *en poudre*, soit qu'on ajoutât, à la chaux ainsi éteinte, du sable seulement ou du sable et de la pouzzolane.

MM. les agents de l'administration devaient tenir exactement note, dans le journal des travaux, de ce qui se passait sur les manéges de l'entrepreneur; on pourrait donc consulter ce journal, au besoin, et l'on y trouverait, j'en suis convaincu, la preuve que mes assertions et mes chiffres sont exacts.

Tout me porte d'ailleurs à croire qu'ils ne seront pas contestés.

La mise en mouvement du manége par deux chevaux équipés revenait, par jour, compris le conducteur, à la somme de seize francs............... 16 fr. » c.

Le dosage et le bardage des matières employaient, chaque jour,
7 journées 1/3 de manœuvres payés à raison de 2 fr. 20 c. par jour... 16   13

Entretien du manége, chaque jour......................... 5   »

Outils, faux frais, etc., etc., 1/20ᵉ des mains-d'œuvre.......... 0   81

Total pour 12 mètres cubes........................... 37   94

Et pour un mètre cube....................................		3 fr. 16 c.

Je n'ai employé que deux manéges à la fabrication des mortiers de la Floride. Mais j'en ai construit *trois* par l'ordre de M. Chevallier, qui a voulu que j'en eusse toujours un prêt à remplacer immédiatement celui des deux qu'un accident mettrait hors de service. Chacun de ces manéges ayant chacun trois roues avec des jantes de $0^m 20$ à $0^m 25$ de largeur, m'est revenu à 2,000 francs. C'est donc pour les trois................................... 6,000 fr. » c.

Chacun des deux manéges qui étaient employés était installé sur un tertre élevé de $2^m 60$ environ, de telle sorte que, sous ces tertres, on avait pratiqué des voûtes en bois qui se prolongeaient jusque sous les auges des manéges. Dans le fond de ces auges, on avait pratiqué des trappes qu'on levait quand chaque bassinée de mortier était faite. Par ces trappes, on faisait tomber le mortier dans des wagons de $0^{m3} 50$ de capacité, qu'un petit chemin de fer conduisait sous les auges. Ces tertres en terre que l'on avait consolidés avec des piquets et des fascines, ces voûtes qu'on avait construites en bois, toutes ces installations enfin me revenaient à 600 francs au moins par manége fonctionnant; soit, pour les deux........ 1,200 »

Total....................... 7,200 »

J'ai donc dépensé 7,200 francs pour construction et installation des manéges avec lesquels j'ai fabriqué tout le cube du mortier employé dans les travaux de la Floride. Ce cube s'est élevé très-approximativement à $7,500^m 00$. C'est donc 0 fr. 96 c. que j'ai dépensé par mètre cube, soit.   0   96

Intérêt des frais d'établissement jusqu'à ce jour : Mes trois manéges étaient construits et installés, à la fin du mois de septembre **1840**. Il y a donc, maintenant, quatorze ans que je perds les intérêts sur les frais d'établissement. Si je comptais les intérêts comme on les compte toujours dans les affaires, c'est-à-dire à 6 pour cent en les capitalisant, ils dépasseraient le capital (7,200 fr.) déboursé; et c'est certainement ainsi qu'ils devraient être comptés pour opérer avec justice. Mais je les compterai à 5 pour cent seulement; ce sera donc 70 pour cent que j'ai perdu sur 7,200 francs de frais faits pour fabriquer $7,500^m$ cubes de mortier, soit............................ 5,040 fr. 00 c.

Mais les pièces de mes manéges avaient une cer-

A reporter............   4   12

| | Reports. | 5,040 fr. 00 c. | 4 fr. 12 c. |

taine valeur; et j'ai déjà pu en tirer parti. En effet, les entrepreneurs de l'écluse Saint-Jean, au Havre, qui s'exécute, en ce moment sous les ordres de MM. Renaud et Chatoney, sont venus, il y a environ dix-huit mois, visiter les débris de mes anciens manéges, et l'on a pu en composer un que je leur ai vendu...................... 900 fr. » c.

Je crois que je pourrais vendre encore, moyennant 1,200 fr., les pièces un peu défectueuses des deux manéges qui me restent, soit..... 1,200 »

Total, qu'il est juste de défalquer de la somme d'intérêts perdus.... 2,100 »   2,100 » .

Reste, perte............ 2,940 »

En sorte que j'ai perdu seulement 2,940 fr. d'intérêts sur 7,200 fr. de frais d'établissement faits pour confectionner 7,500^m cubes de mortier. C'est donc 0 fr. 39 c. d'intérêts perdus sur les frais d'établissement par mètre cube de mortier, soit............................... 0 39

Prix de revient de la fabrication par mètre cube de mortier....... 4 51

Je fais observer, ici, que l'exactitude de toutes les données fournies ci-dessus ne me paraît pas pouvoir être et ne sera probablement pas contestée, et que les faits qui se sont produits sur les travaux de la Floride exécutés par moi se sont également produits sur les travaux du bassin Vauban exécutés par M. Ladvocat.

Il s'agit maintenant d'établir le prix auquel nous serait revenue la fabrication d'un mètre cube de mortier si, conformément aux prescriptions du contrat qui liait l'État et les entrepreneurs, nous avions pu employer de la chaux éteinte *directement* **en pâte** dans la composition de nos mortiers :

J'ai dit, au commencement de ce mémoire, que l'emploi des manéges à la fabrication des mortiers composés de chaux **en pâte** et de sable était fort économique, quand on avait des quantités considérables de mortiers à fabriquer. Ce fait avait déjà été constaté et reconnu, *avant* **1840**, par beaucoup d'ingénieurs, notamment par M. le capitaine du génie Maurice Saint-Léger, et par M. le colonel du génie Bergère, dont je vais fournir des données qu'on ne pourra pas révoquer en doute. Depuis 1840, l'emploi des manéges à la fabrication des mor-

A reporter............. 4 51

Report................. 4 fr. 51 c.

tiers s'est étendu à beaucoup de travaux, et l'on a toujours constaté une meilleure fabrication. C'est maintenant un fait de notoriété publique.

Eh bien, jai montré le prix auquel nous est revenue la fabrication du mortier composé de chaux éteinte *préalablement* **en poudre** et de sable; nous allons maintenant montrer le prix auquel revenait, à la même époque, ou quelque temps plutôt, le mortier composé de chaux éteinte *directement* **en pâte** et de sable; et nous allons établir ce prix d'après des documents irrécusables.

« *Confection du mortier composé de chaux en pâte et de sable, d'après*
« *des renseignememts émanant de M. le capitaine du génie Maurice de*
« *Saint-Léger.*

« On commence par jeter, dans le bassin, un mètre cube de chaux
« **en pâte** à laquelle on ajoute un peu d'eau si cela est nécessaire;
« puis on met les chevaux en mouvement. Lorsque la chaux est ré-
« duite en une bouillie liquide, bien homogène, on jette le sable, à la
« pelle, dans le bassin (au canal Saint-Martin, c'est 3^m cubes de sable
« mêlé pour 1^m cube de chaux hydraulique artificielle **en pâte**) sans
« arrêter le mouvement; et, au bout de 20 à 25 minutes, le mélange
« est parfait, et le mortier est employé de suite. On vide le bassin, à la
« pelle, et l'on prépare une autre bassinée. On peut, avec cette ma-
« chine, faire 12 bassinées de 3^m cubes chacune en 10 heures de travail
« effectif; et les agents nécessaires pour ce travail sont 4 manœuvres,
« 2 chevaux avec leur conducteur, et un maçon pour diriger la fabri-
« cation. »

« *Exemple, d'après M. Maurice de Saint-Léger, de l'analyse de prix pour*
« *la fabrication de 36^m cubes de mortier :*

« 1 journée de maître maçon, chef d'atelier......... 3 fr. 50 c.
« 4 journées de manœuvres à 1 fr. 50 c............ 6   »
« 2 journées de cheval harnaché à 2 fr. 25 c........ 4   50
« 1 journée de conducteur de chevaux............ 2   »
« Frais de machines et réparations, par jour....... »   50
« Graissage de l'axe et des roues pour un jour, 0 k. 25
« de graisse à 1 fr. 25 c. le kil................... »   375

                      A reporter............ 16 875   4 51

Report........	16 fr. 875	4 fr. 510
« Frais de brouettes et de pelles, à 0 fr. 10 cent. par « journée de manœuvre, ci, pour 4 journées........	» 40	
« Faux frais, 1/10ᵉ du tout....................	1 728	
« Total de la dépense pour 36ᵐ cubes............	19 fr. 003 c.	
« Et pour 1ᵐ cube...		» 528
Différence formant l'indemnité que nous réclamons par mètre cube de mortier...		3 fr. 982 c.

Telles sont les données fournies par M. Maurice de Saint-Léger.

Du reste, je donne séparément la copie de la notice de cet officier du génie. On verra, sur cette notice, que, quand on emploie de la chaux *en pâte*, il suffit de mettre à la machine une seule roue de charrette ou de cabriolet, et de la faire mouvoir par un mauvais cheval, tant il est vrai de dire que, lorsque la chaux a été éteinte *directement* **en pâte**, la fabrication du mortier se fait avec économie et facilité, et qu'on peut y employer de très-faibles agents.

Ces données de M. Maurice de Saint-Léger ne sont pas les seules que l'on puisse produire. Elles ont été confirmées par tous les ingénieurs et entrepreneurs qui ont employé ce système pour faire du mortier avec de la chaux en pâte et du sable; et l'on peut facilement, quand on le voudra, vérifier l'exactitude des données que je viens de fournir.

Enfin, MM. les inspecteurs généraux et divisionnaires des ponts et chaussées, membres de la Commission instituée par M. le ministre pour examiner nos réclamations, avaient mission, conformément à l'avis du conseil général des ponts et chaussées, approuvée par M. le ministre, d'apprécier la différence entre les prix de la main-d'œuvre qu'exigent les deux procédés, c'est-à-dire les frais de main-d'œuvre qui résultent de l'emploi de la chaux éteinte *directement* **en pâte**, et ceux qui résultent de l'emploi de la chaux éteinte préalablement en poudre.

Mais la Commission n'avait pas de manéges à roues montés dans l'établissement de la pompe à feu de Chaillot, où l'on exécutait les expériences. Pour se conformer, en tous points, aux prescriptions de la décision ministérielle en date du 5 mars 1850, il aurait donc fallu que je fisse venir, à grands frais, du Havre, toutes les pièces d'un de mes manéges à trois roues, que je les fisse réparer, mettre en bon état, assembler, puis monter, dans ledit établissement, suivant les conditions où tout cela se trouvait pendant et pour l'exécution de nos travaux. Toutes ces opérations auraient exigé beaucoup de temps et de dépenses.

L'un de MM. les inspecteurs, membres de la Commission, avait un congé dont sa santé lui commandait impérieusement de profiter; un second ne pouvait pas retarder davantage son départ pour les départements soumis à son inspection.

La Commission a donc clos ses opérations en nous déclarant qu'elle ne s'occuperait pas de la fabrication des mortiers.

Nous-mêmes, fatigués d'une lutte qui durait depuis plus de trois ans, nous désirions ardemment obtenir et connaître un résultat, et nous priâmes MM. les membres de la Commission de vouloir bien faire leur rapport, nous réservant d'en appeler plus tard à la justice du conseil de préfecture pour obtenir l'entière réparation du dommage que nous ont causé les modifications qui ont été apportées à nos marchés par MM. les ingénieurs pendant la durée de nos travaux.

Nous ne nous sommes cependant pas séparés de MM. les membres de la Commission sans leur présenter quelques observations sur la différence entre le prix de revient du mortier fabriqué avec la chaux éteinte *directement en pâte* et le prix de revient du mortier fabriqué avec la chaux *préalablement* éteinte par immersion *en poudre*.

Tous nous ont formellement déclaré que certes nous avions dû faire aussi des pertes majeures dans la fabrication des mortiers, 1° parce que, pour ramener la *poudre* à l'état de *pâte* bien homogène avant d'ajouter les autres ingrédients entrant dans la composition des mortiers, il y avait là une opération tout à fait imprévue et onéreuse, dont on devait nous tenir compte ; 2° parce que la pâte, ainsi obtenue, était toujours beaucoup plus dure et plus difficile à broyer et à mêler avec les autres matières que quand on l'a obtenue *directement* par le procédé ordinaire d'extinction.

Cette déclaration a été consignée dans le rapport de la commission, et nous croyons l'avoir reproduite exactement ci-dessus.

Elle vient à l'appui des documents que nous avons fournis, des prix que nous avons établis et de l'indemnité que nous réclamons ; elle s'accorde avec les faits qui se sont toujours produits, dans la pratique, à l'époque, 1840-41-42, de l'exécution de nos travaux ; et elle est d'ailleurs, en tous points, conforme aux données qui ont été transmises, après de nombreuses expériences et de longues observations, par les ingénieurs éminents des ponts et chaussées et du génie militaire qui ont publié des ouvrages et des mémoires sur l'emploi des chaux.

EN RÉSUMÉ,

Nous avons fabriqué, par ordre, nos mortiers avec de la chaux éteinte *préalablement par immersion en poudre*.

Nos devis, qui ont été modifiés par les ingénieurs pendant la durée de nos travaux, portaient qu'ils seraient fabriqués avec de la chaux éteinte *directement en pâte*.

Nous avons dépensé, en employant de la chaux éteinte préalablement en poudre................	4 fr. 49 c.	
Pour frais de fabrication d'un mètre cube de mortier, soit......................................	4 fr. 49 c. 0 m.	
Nous aurions dépensé, en employant de la chaux éteinte directement en pâte.....................	0 52 8	
Différence, que nous réclamons par mètre^3 de mortier	3 fr. 96 c. 2 m	

Paris, le   N^{is} TESTU.

Pour les liquidateurs des biens et affaires de M. Ladvocat,
    N^{is} TESTU.

OPINION

EXPRIMÉE PAR M. DUFAURE

AVOCAT A LA COUR IMPÉRIALE DE PARIS

SUR LES

RÉCLAMATIONS SOUMISES AU CONSEIL DE PRÉFECTURE DE LA SEINE-INFÉRIEURE

L'examen attentif que nous avons fait des documents produits par M. Testu et par les liquidateurs de la banque commerciale du Havre représentant M. Ladvocat, nous porte à penser que M. le ministre des travaux publics, par sa décision du 21 août 1852, tout en reconnaissant en principe le droit de MM. Testu et Ladvocat à une réparation, n'a pas rendu pleine justice à ces deux entrepreneurs. Pour expliquer et justifier notre opinion, nous rappellerons sommairement les faits qui ont donné lieu à leurs réclamations.

Le 29 septembre 1839, par deux adjudications distinctes, MM. Ladvocat et Testu se sont chargés :

Le premier des travaux d'achèvement du bassin Vauban (port du Havre), estimés 3,109,000 fr., moyennant un rabais de 18 pour cent sur les prix du détail estimatif;

Le second des travaux du bassin de la Floride, estimés 2,000,000 de fr., moyennant un rabais de 14 fr. 75 c. pour cent.

Ces rabais étaient considérables ; cependant l'expérience a démontré que ces deux entreprises, conduites avec intelligence et régularité, devaient être avantageuses aux adjudicataires. Une commission composée, dans des circonstances que nous indiquerons tout à l'heure, de trois des chefs du corps des ponts et chaussées a constaté qu'avec les conditions fixées, par le cahier des charges, pour la fabrication et l'emploi des mortiers, les entrepreneurs auraient pu réaliser des bénéfices, mais que ces bénéfices ont été remplacés par de notables pertes.

Les hommes éminents qui composaient la commission dont nous venons de parler ont recherché la cause de ce changement regrettable dans le résultat de ces grands travaux. Ils n'ont pas hésité à l'attribuer aux modifications que MM. les ingénieurs, chargés, au Havre, de la surveillance des travaux, ont apportées dans les conditions de l'adjudication en ce qui concerne l'extinction de la chaux et le mode de fabrication des mortiers. Les conditions nouvelles auxquelles les entrepreneurs étaient obligés de se conformer ont été les principales causes des pertes qu'ils ont subies, du préjudice dont ils demandent aujourd'hui la réparation.

Quelles étaient les conditions des deux adjudications en ce qui concerne la fourniture et l'extinction de la chaux, et la fabrication des mortiers ?

L'emploi de deux sortes de mortier était prescrit aux entrepreneurs :

Dans les maçonneries de béton et de moellon, ils devaient faire usage d'un mortier composé de chaux et de sable ;

Dans les maçonneries de pierre de taille et de granit, ils devaient employer un mortier composé de chaux et de pouzzolane artificielle ; mais le mortier de cette dernière espèce ne devait être employé que dans une proportion relativement très-faible.

La chaux devait être obtenue par la cuisson du calcaire marneux gris clair que l'on trouve au pied et au nord du cap de la Hève ; elle devait être éteinte en pâte ferme par le procédé ordinaire (art. 77 du devis du bassin Vauban ; art. 143 du devis du bassin de la Floride).

Le mortier ordinaire de chaux hydraulique et sable devait être composé de 1^m cube de sable et 0^m50 de chaux éteinte en pâte ferme ; le mortier de chaux et pouzzolane devait se composer de 1^m de pouzzolane et 0^m60 de chaux en pâte ferme (art. 62 et 63 Vauban ; 118 et 129 Floride).

Le prix du mortier ordinaire (1^m sable et 0^m50 chaux en pâte) était fixé à 24 fr. le mètre cube, plus un dixième de bénéfice ; soit au total 26 fr. 40 c.

Le prix du mortier de chaux et pouzzolane (1^m de pouzzolane et 0^m60 chaux en pâte) était fixé à 25 fr. par mètre cube, plus le dixième de bénéfice ; soit au total 27 fr. 50 c.

Les conditions, on le voit, étaient les mêmes pour ces deux grandes entreprises ; les deux entrepreneurs, par les prescriptions de leurs devis, étaient placés l'un et l'autre vis-à-vis de l'administration dans des situations absolument identiques.

Telle était la loi qui liait l'administration et les entrepreneurs.

Comment a-t-elle été changée ?

A la fin de 1839, lorsque les maçonneries du bassin de la Floride (entrepreneur Testu), retardées par les travaux de terrassement, n'étaient pas encore commencées, lorsque, au contraire, les maçonneries du bassin Vauban (entrepreneur Ladvocat) étaient en cours d'exécution depuis deux mois et demi, les ingénieurs du port du Havre, MM. Renaud et Chevallier, jugèrent à propos d'apporter un changement radical dans les modes d'extinction de la chaux et de fabrication des mortiers.

Les clauses de l'adjudication prescrivaient l'extinction de la chaux en pâte ferme par le procédé ordinaire ; les ingénieurs décidèrent qu'on renoncerait à ce mode d'extinction et que toute la chaux serait éteinte en poudre par immersion.

Les mortiers, nous l'avons vu, devaient être composés, les uns de 1^m sable et 0^m50 de chaux en pâte, les autres de 1^m pouzzolane et 0^m60 de chaux en pâte.

Les ingénieurs prescrivirent à l'entrepreneur Ladvocat, pour la continuation des travaux dont il était chargé, d'employer, pour composer ses mortiers, 1^m de sable et 0^{m}55 de chaux *en poudre*. Plus tard, lorsque l'entrepreneur Testu commença ses travaux de maçonnerie, ils lui ordonnèrent de faire entrer dans ses mortiers 1^m de sable et 0^{m}60 de chaux *en poudre*.

Enfin, au mortier de chaux et pouzzolane, ils firent substituer un mortier mixte composé de 0^{m}60 de sable, 0^{m}40 de pouzzolane, et 0^{m}60 de chaux en poudre.

Avant de prescrire de semblables modifications aux conditions primitives de l'entreprise, quel était le devoir des ingénieurs?

Ils devaient en référer à l'autorité supérieure. Plus prudente qu'ils ne l'ont été, elle leur aurait, avant tout, demandé compte de l'utilité et des résultats probables de ce changement; elle aurait prescrit, pour l'emploi de la chaux éteinte en poudre, des précautions que l'on regrettera peut-être de n'avoir pas prises, elle aurait certainement ordonné des études, des essais qui lui auraient appris et auraient appris en même temps aux entrepreneurs et aux ingénieurs eux-mêmes si cette nouvelle composition des mortiers pouvait être obtenue sans changer la condition des entrepreneurs; dans quelle proportion leur condition était changée ; si, enfin, les prix des devis devaient être modifiés.

Rien de semblable n'eut lieu; l'administration supérieure ignora complétement ce changement; elle ne fut pas consultée avant qu'il eût été prescrit; elle ne fut pas avertie après l'ordre donné; c'était un coup d'autorité contre elle comme contre les entrepreneurs.

Ainsi qu'il arrive d'ordinaire pour les actes d'une autorité trop absolue, les ingénieurs ne cherchèrent pas à s'éclairer sur la portée des mesures nouvelles qu'ils avaient adoptées : la quantité différente de chaux qu'ils demandaient, sans en avoir jamais donné le motif, à chacun des entrepreneurs par mètre cube de mortier, révèle quelles étaient leurs incertitudes.

Enfin, ils déclarèrent imprudemment aux entrepreneurs que les conditions des devis n'en seraient pas changées, que la quantité de chaux en poudre qu'ils demandaient correspondait exactement à la quantité de chaux en pâte fixée dans les devis, et que le prix de revient du mortier n'en pouvait subir aucune augmentation.

Les entrepreneurs ne pouvaient que se conformer aux injonctions des ingénieurs; ils y étaient obligés par leur cahier des charges; et d'ailleurs, comment auraient-ils pu mettre même en doute des assertions qui leur avaient été présentées avec tant d'assurance?

Ils n'avaient jamais pratiqué l'extinction de la chaux par immersion, procédé qui était en dehors des conditions de leur marché; ils ne savaient ni le prix de revient ni le foisonnement de la chaux ainsi éteinte ; les connaissances théoriques ne suppléaient pas chez eux à la pratique; et d'ailleurs, l'exemple de MM. Renaud et Chevallier prouve combien elles étaient vaines en pareil sujet.

Ils ignoraient même qu'ils fussent traités différemment, des dissentiments profonds ayant à cette époque fait cesser toute relation entre eux. M. Testu surtout, l'entrepreneur des travaux de la Floride, était dans l'impuissance la plus complète d'apprécier la portée des changements apportés aux conditions de son adjudication. Ces conditions avaient été changées avant qu'il eût commencé ses travaux; n'ayant pas encore travaillé dans les conditions de son cahier des charges, il ne pouvait comparer ses prescriptions aux prescriptions nouvelles qu'on lui imposait, et l'un des ingénieurs, M. Chevallier, lui assurait que sa situation n'était nullement aggravée; que les conditions nouvelles de l'entreprise n'avaient rien d'onéreux. Il affirmait enfin, selon M. Testu, que les mêmes conditions avaient été imposées à M. Ladvocat, qui, depuis plusieurs mois, s'y conformait sans réclamer. A ces assurances verbales il ajoutait des assurances écrites, comme celle que nous lisons dans un rapport du **1er juin 1841**:... « L'entrepreneur met 0^{m}60 de chaux (au lieu de 0^{m}50), mais cette chaux « est éteinte en poussière, et *l'expérience* montre que les deux quantités mesurées dans « ces deux états différents, équivalent au même cube de pierre à chaux; si l'entrepre- « neur en doute, je suis prêt à lui en donner la preuve. »

Les documents produits nous apprennent encore : que M. Ladvocat, quoique traité moins rigoureusement que M. Testu, avait cru remarquer que sa situation avait été aggravée; qu'il avait réclamé; qu'il avait consigné ses réclamations au bas des décomptes annuels qu'on lui faisait signer; que M. Chevallier lui promit de l'éclairer par des expériences; que ces expériences eurent lieu dans le courant de **décembre 1841**, et que leur résultat parut insignifiant aux ingénieurs qui promirent de les renouveler.

Les travaux des deux bassins arrivèrent à leur terme sans que M. Ladvocat se fût lassé de réclamer, mais sans qu'il eût pu obtenir aucune solution. Enfin, en 1848, renonçant à obtenir des ingénieurs du Havre cette solution, il se décida à saisir de la question le ministre des travaux publics.

A ce moment, un rapprochement eut lieu entre les deux entrepreneurs. M. Testu affirme qu'il apprit alors, pour la première fois, — que les conditions qui lui avaient été imposées par les ingénieurs n'étaient pas les mêmes que les conditions imposées à son confrère; il apprit en même temps, — que ces conditions étaient onéreuses, — que c'était dans les modifications apportées aux conditions primitives qu'il fallait chercher le secret des pertes subies dans les deux entreprises — enfin que M. Ladvocat réclamait depuis huit ans; — qu'en **décembre 1841** des expériences avaient eu lieu, — et que ces expériences, si elles n'avaient pas donné des résultats concluants, semblaient cependant constater qu'un préjudice avait été causé aux entrepreneurs.

Le 2 octobre 1848, M. Testu réclama auprès des ingénieurs du Havre. M. Chevallier lui répondit en l'invitant à assister à de nouvelles expériences qui devaient avoir lieu pour constater si les modifications apportées aux clauses de l'adjudication avaient changé la condition des entrepreneurs adjudicataires, et si un préjudice avait été causé à ces derniers.

Ces expériences, obtenues des ingénieurs du Havre par la nécessité de répondre au mémoire que M. Ladvocat avait adressé au ministre, eurent lieu en janvier 1849; elles furent dirigées par M. Chatoney, ingénieur sous les ordres de M. Renaud; mais les entrepreneurs refusèrent de les tenir pour concluantes, les ingénieurs ayant fait usage, dans ces opérations, de chaux *cuite à feu continu*, tandis que la chaux employée dans les travaux des deux bassins avait toujours été *cuite à feu périodique*.

MM. Testu et Ladvocat suivirent sur leurs réclamations; ces réclamations furent renvoyées, par le ministre, à l'examen de la section de navigation du conseil général des ponts et chaussées.

Les entrepreneurs appuyaient sur quatre motifs les réclamations qu'ils adressaient à l'autorité supérieure :

1° La chaux de la Hève foisonne plus par l'extinction en pâte que par l'extinction en poudre. En demandant à l'un (M. Ladvocat) 0^m55, à l'autre (M. Testu) 0^m60 de chaux en poudre par mètre de mortier, au lieu de 0^m50 de chaux en pâte, exigés par leurs cahiers des charges, on les a contraints d'employer une quantité beaucoup plus considérable de calcaire.

2° La main-d'œuvre est plus coûteuse pour l'extinction en poudre que pour l'extinction en pâte; cause d'augmentation dans le prix de revient de la chaux.

3° La main-d'œuvre pour la fabrication des mortiers est plus coûteuse avec de la chaux éteinte en poudre qu'avec de la chaux éteinte en pâte; cause d'augmentation dans le prix de revient du mortier.

4° Enfin, des pertes ayant été subies par les entrepreneurs par le fait des agents de l'administration depuis le commencement des travaux, des indemnités étant dues aux entrepreneurs à raison des trois chefs ci-dessus énoncés, sur chaque exercice des travaux, MM. Ladvocat et Testu réclamaient, à titre de dommages-intérêts, les intérêts des sommes qui auraient dû leur être comptées en sus de celles qu'ils avaient reçues et qui avaient été retenues par l'administration depuis 1840 et 1841.

A ces demandes, les ingénieurs du Havre opposaient deux fins de non-recevoir :

1° La déchéance prévue par l'article 32 des clauses et conditions générales de l'adjudication, les réclamations ne s'étant pas produites dans le délai fixé par cet article ;

2° La prescription tirée de la loi du 29 janvier 1831, les réclamations des entrepreneurs devant, aux termes de la loi, être justifiées et liquidées dans un délai de trois ans, et les travaux ayant été terminés en 1843.

En fait, les ingénieurs soutenaient que les prétentions des entrepreneurs n'étaient nullement fondées.

La section du conseil des ponts et chaussées, chargée de l'examen de ces questions, a conclu au rejet des fins de non-recevoir et à une nouvelle instruction de l'affaire au moyen d'expériences contradictoires qui ne pussent laisser aucun doute.

Cet avis a été approuvé, le 5 mars 1850, par le ministre des travaux publics. Les ingénieurs du Havre furent d'abord invités à faire de nouvelles expériences; ils les entreprirent dans le courant de la même année, mais dans des conditions et par des moyens tels, que les entrepreneurs furent obligés de s'en plaindre à l'autorité supérieure ; alors, leurs réclamations furent renvoyées à l'examen d'une commission composée d'un inspecteur général du corps des ponts et chaussées et de deux inspecteurs divisionnaires.

Cette Commission s'adjoignit deux ingénieurs ordinaires de première classe, et, après un examen consciencieux de tous les documents produits, après de nombreuses expériences, elle constata, dans son rapport, que les ingénieurs avaient eu tort de modifier les conditions des deux adjudications sans en référer à l'administration supérieure ; que les modifications ainsi apportées aux conditions de l'entreprise avaient été pour les entrepreneurs la cause d'un préjudice dont on leur devait la réparation.

La Commission a reconnu en principe l'existence des quatre chefs d'indemnités invoqués par les entrepreneurs.

Comparant, au point de vue de l'intérêt des entrepreneurs, le foisonnement de la chaux éteinte en pâte au foisonnement de la chaux éteinte en poudre, elle a constaté que la même quantité de calcaire donne 1^m80 de chaux en poudre et 2^m14 de chaux en pâte ; que, par conséquent, les ingénieurs devaient demander aux entrepreneurs, au lieu de 0^m50 de chaux *en pâte*, 0^m42 de chaux *en poudre*, et non les 0^m55 et 0^m60 qu'ils ont exigés ; que, de ce chef, il est résulté une perte de 24 pour cent pour M. Ladvocat et de 30 pour cent pour M. Testu.

Examinant la différence dans le prix de la main-d'œuvre résultant du changement apporté dans le mode d'extinction de la chaux, la Commission a établi que, dans les expériences auxquelles elle s'est livrée, le mètre de chaux *en pâte* est revenu à . . . . 17 cent.

tandis que le mètre de chaux *en poudre* est revenu à 45

Différence au détriment des entrepreneurs. . . . . 28 cent.

Elle y a ajouté 0 fr. 02 c. pour entretien du matériel, mais en déclarant que la perte des entrepreneurs devait avoir été, en réalité, beaucoup plus considérable.

Examinant la différence dans le prix de la main-d'œuvre de la fabrication des mortiers, résultant du changement apporté dans le mode d'extinction de la chaux, la Commission a déclaré que, dans ses expériences, elle avait opéré sur des quantités trop faibles pour pouvoir fixer un chiffre à cet égard, mais que, dans sa conviction, les entrepreneurs avaient dû perdre aussi sur ce chef, parce que l'arrosement de la chaux en poudre pour la convertir en pâte a constitué une nouvelle opération qui ne leur est point payée, et que la pâte ainsi obtenue a été plus dure et plus difficile à broyer que celle qu'on aurait obtenue par le procédé ordinaire.

Quant aux intérêts des sommes que les entrepreneurs ont perdues par suite des modifications apportées aux conditions de leur entreprise, intérêts qu'ils réclamaient à titre de dommages-intérêts, la Commission a gardé le silence sur ce point, mais elle a établi en fait que les ingénieurs avaient causé aux entrepreneurs de notables pertes pendant tout le cours de l'exécution des travaux, qu'ils avaient empêché les entrepreneurs de se rendre compte de l'étendue de ces pertes et d'en obtenir la réparation à une époque où il leur aurait été plus facile de les constater; c'était consacrer implicitement et en principe le droit des entrepreneurs à obtenir, de l'administration engagée par le fait de ses agents, des dommages-intérêts.

Ainsi, la Commission a reconnu la légitimité des quatre chefs d'indemnités réclamées par MM. Testu et Ladvocat; elle n'a fait entrer, dans la réparation qu'elle pensait devoir leur être accordée, que deux de ces chefs, celui qui concerne le foisonnement de la chaux et celui qui est relatif à la main-d'œuvre de l'extinction de la chaux; encore a-t-elle avoué que, sur ce second chef, ses calculs étaient au-dessous de la vérité, et que, par conséquent, la réparation qu'elle proposait était insuffisante.

Sur ces bases, qu'elle-même reconnaissait ne pas être assez larges, la Commission établissait ainsi les indemnités dues aux entrepreneurs :

Si les conditions des devis n'avaient pas été modifiées, chaque mètre^3 de mortier composé de sable et de chaux éteinte en pâte serait revenu aux entrepreneurs à 24 fr. 49 c.

Dans les conditions nouvelles faites par les ingénieurs, chaque mètre du même mortier est revenu :

A M. Ladvocat, duquel on avait exigé 0^{m}55 de chaux en poudre, à 30 fr. 78 c.

Et à M. Testu, duquel on avait exigé 0^{m}60 de chaux en poudre, à 32   88

D'où résulte, pour M. Ladvocat, une perte de 6 fr. 29 c., et, pour M. Testu, une perte de 8 fr. 39 c. par mètre cube de mortier de sable et chaux.

En outre, M. Testu avait employé des mortiers de sable, chaux et pouzzolane. Ces mortiers, d'après les conditions des devis, seraient revenus à 21 fr. 90 c. le mètre, tandis que, par suite des conditions nouvelles, ils sont revenus à 29 fr. 29 c.; d'où résulte, pour M. Testu, une perte de 7 fr. 39 c. par mètre cube de ce mortier.

Calculée sur ces bases,

l'indemnité à allouer à M. Ladvocat s'élevait à. . . . . 115,652 fr. 84 c.

et l'indemnité à allouer à M. Testu à 52,526   34

La différence entre ces deux indemnités provenait de la différence entre les quantités de chaux employées par les deux entrepreneurs.

Ces conclusions de la Commission ont été adoptées par le conseil supérieur des ponts-et-chaussées; et, le 21 août 1852, le ministre des travaux publics a pris deux arrêtés pour rectifier en ce sens les décomptes des travaux des bassins Vauban et de la Floride.

Nous pensons que cet acte de justice n'a pas été complet.

Dans notre conviction, pour faire pleine justice, le conseil de préfecture auquel s'adressent maintenant les entrepreneurs, doit reconnaître que les quatre chefs de la demande des entrepreneurs sont également fondés, que la Commission, dont nous avons analysé l'avis, a reconnu en principe la légitimité de ces quatre chefs de demande, que la décision ministérielle que nous avons citée n'a fait justice aux entrepreneurs que sur le premier chef; qu'il y a lieu, pour les trois autres, de rectifier en ce sens les décomptes des travaux.

Nous allons successivement, d'après les simples lumières de notre bon sens auquel les entrepreneurs ont fait appel, examiner les demandes d'indemnité qu'ils ont présentées à l'administration supérieure. Toutefois, nous ne parlerons plus de la première; la commission des inspecteurs généraux paraît l'avoir parfaitement étudiée et y avoir fait droit dans une mesure convenable; les observations très-sommaires que nous allons présenter rouleront exclusivement sur les trois dernières demandes.

§ Ier

DIFFÉRENCE DANS LE PRIX DE LA MAIN D'ŒUVRE EMPLOYÉE POUR ÉTEINDRE LA CHAUX PAR IMMERSION
OU PAR LE PROCÉDÉ ORDINAIRE.

Voici, sur ce point spécial, l'opinion exprimée par les inspecteurs généraux-commissaires : « La Commission après avoir établi l'importance de la quantité de chaux
« qu'on a exigée en trop des entrepreneurs, avait à se rendre compte de la différence
« des mains-d'œuvre résultant du changement apporté au mode d'extinction. Elle a,
« à cet effet, tenu attachement du temps employé par les ouvriers qui ont opéré
« l'extinction de la chaux dans les diverses expériences auxquelles elle s'est livrée,
« et a trouvé qu'il a fallu : pour l'extinction par le procédé ordinaire de 12^{m3} de
« chaux vive qui ont produit 20^{m3} 877 de chaux en pâte, 1 jour 8 heures à 2 fr., ou
« une dépense de 3 fr. 60 c. ; ci pour 1^{m3} de chaux en pâte. . . . 0 fr. 17 c.
« pour l'extinction par immersion de 10^{m3} 65 de chaux vive qui ont
« produit 18^{m3} 696 de chaux en poudre, 4 jours 2 heures à 2 fr.
« ou une dépense de 8 fr. 40 c., ci pour 1^{m3} de chaux en poudre. . 0   45

« Différence. . . . 0   28 c.

« Mais la différence doit être, en réalité, bien plus grande si on a égard aux frais
« d'entretien du matériel. Malheureusement les renseignements manquent à la
« Commission pour établir le calcul de ces frais accessoires, et elle se contente
« de les porter au 20e de la main-d'œuvre, ce qui fait ressortir à 0 fr. 30 c. le montant de l'indemnité qu'il conviendra d'allouer aux entrepreneurs en sus du prix de
« la série pour la main-d'œuvre de l'extinction. »

Nous hésitons à voir des erreurs dans le travail d'hommes aussi compétents; cependant nous y sommes encouragés par le ton dubitatif qu'ils prennent eux-mêmes, et c'est d'ailleurs dans leur propre rapport que nous trouvons la preuve de ce que nous appelons leur erreur.

En lisant les calculs que nous venons de copier, on se demande comment 12^{m3} de chaux vive ont produit $20^{m3}877$ de chaux en pâte, tandis que $10^{m3}65$ de chaux vive auraient produit $18^{m3}696$ de chaux en poudre? C'est-à-dire comment 1^{m3} de chaux vive aurait produit 1^m74 de chaux en pâte et 1^m75 de chaux en poudre? Ce résultat est absolument contraire à celui que la commission a adopté sur la première question. Elle y établit très-nettement et d'une manière incontestable que la chaux vive foisonne beaucoup plus lorsqu'elle est éteinte par le procédé ordinaire en pâte, que par immersion en poudre.

Comment expliquer cette contradiction? Le voici:

Après avoir donné, dans une autre partie de son rapport, les tableaux qui contiennent les relevés de ses expériences sur l'un et l'autre mode d'extinction, la Commission fait cette remarque: « les foisonnements indiqués ci-dessus pour la chaux « vive éteinte par le procédé ordinaire ou par immersion ont été constatés par le « mesurage de la chaux dans les bassins d'extinction; mais ce n'est pas dans les « bassins qu'on mesure la chaux quand on l'emploie; on la mesure sur le tas au « moment du dosage. La Commission a donc dû transvaser la chaux éteinte et la « mesurer dans les brouettes qui servent à cet usage sur les chantiers et qui présentent « une contenance de 0^m10. »

Cette réflexion est parfaitement juste et tout aussi applicable lorsqu'il s'agit de déterminer le prix de la main-d'œuvre employée à l'extinction de la chaux. Il faut toujours avoir égard à la quantité de chaux livrée et non pas à la quantité de chaux mesurée au moment où elle vient d'être éteinte.

Les commissaires procèdent avec le plus grand soin à ce mesurage, et ils trouvent qu'un mètre de chaux en pâte, mesuré au moment de l'extinction, fournit, au moment de l'emploi, 1^m33.

« Dans le transvasement de la chaux éteinte en poudre, il ne se produit rien de « semblable; au contraire, la poudre a une certaine tendance à se tasser, et il suffit « du moindre choc, celui d'une pelle contre la caisse de mesurage, pour qu'à l'instant « ce tassement se manifeste. » Les commissaires évaluent cette perte à 2 pour cent, c'est-à-dire qu'un mètre de chaux en poudre, mesuré au moment de l'extinction, ne représente que 0^m98 au moment de l'emploi.

On voit maintenant l'erreur commise par les membres de la commission dans le point qui nous occupe. Ils se sont référés purement et simplement aux tableaux qui contiennent le résultat de leurs expériences sur les divers modes d'extinction, et ont oublié les rectifications qu'eux-mêmes y avaient apportées.

Il le fallait cependant: l'indemnité due aux entrepreneurs sur leur second chef de réclamation est égale à la différence dans le prix de revient de l'extinction de chaque mètre qu'ils ont livré par la substitution d'un procédé à l'autre.

Ainsi, en rectifiant conformément à ces données les calculs des prix de main-d'œuvre que nous avons extraits du rapport de la commission, nous trouvons les résultats suivants:

Chaux en pâte. — Les 3 fr. 60 c. dépensés pour éteindre 12^{m3} de chaux vive n'ont pas seulement produit 20^{m3}877 ; mais cette quantité augmentée de 33 pour cent, ou 27^{m3}766, — chaque mètre n'a plus coûté en main-d'œuvre que 0 fr. 13 c.

Chaux en poudre. — Les 8 fr. 40 c. dépensés pour éteindre 10^{m3}65 de chaux vive n'ont pas produit 18^{m3}696 de chaux en poudre, mais cette quantité moins 2 pour cent, ou 18^{m3}324. — Chaque mètre a coûté 0 fr. 46 c.

La différence par mètre serait donc de 0 fr. 33 c., et non pas de 0 fr. 28 c., comme l'indique le rapport.

Mais les entrepreneurs soutiennent que ce prix même de 0 fr. 33 c. est infiniment au-dessous de la vérité. Le langage même des membres de la commission semble l'indiquer. Ils ajoutent 0 fr. 02 c., mais en se plaignant de n'avoir pas de renseignements plus précis, et sans paraître croire qu'ils offrent aux entrepreneurs toute l'indemnité à laquelle ils ont droit.

Il est impossible de n'être pas frappé des raisons que les entrepreneurs invoquent pour prouver que l'extinction de la chaux en poudre coûte beaucoup plus, comme l'ont dit d'ailleurs les membres de la commission.

Ils citent trois ouvrages spéciaux sur les mortiers, écrits par trois ingénieurs du plus grand mérite.

L'un est un mémoire que M. Vicat a publié en 1828, et qui contient le résumé de ses travaux antérieurs. Il y décrit les différents procédés employés pour l'extinction de la chaux ; dans sa note 16, aux pages 82 et suivantes, il donne le compte des travaux qu'il a lui-même dirigés pour la construction d'un pont sur la Dordogne, à Souillac. On y voit que l'extinction *par immersion* de 34^{m3} 55 de chaux grasse a demandé 56 journées de travail, soit par mètre 1 journée 60, ou 3/5. M. Vicat porte la journée à 1 fr. 50 c.; mais au Havre, pour ce travail, elle ne coûtait pas moins de 2 fr. 40 c.; et les entrepreneurs étaient obligés d'y ajouter une indemnité, parce que les ouvriers qui y étaient employés se fatiguaient et souffraient plus que les ouvriers occupés aux autres travaux ; soit pour l'extinction, au Havre, de 1^{m3} de chaux vive en poudre 3 fr. 84 c.

Disons, en passant, que M. Vicat était fort en mesure de donner une opinion sur ce point, car il nous apprend, dans un autre écrit, que les 3,000 mètres cubes de béton qui ont servi à la fondation du pont de Souillac ont été faits avec de la chaux éteinte en poudre (*Annales des ponts et chaussées,* 1834, t. 2, p. 374 et 375).

Le second est un ouvrage que M. Raucourt de Charleville, ingénieur des ponts et chaussées, a publié en 1828 sur l'art de faire de bons mortiers. Il examine, au n° 16, les quatre procédés connus pour l'extinction de la chaux ; l'extinction, par immersion, a, selon lui, le double défaut de faire perdre aux pierres à chaux une partie de leur volume et d'être très-coûteuse; au n° 20, il répète que le premier procédé, l'extinction *en pâte*, est toujours *le plus économique :* « 1° par rapport *à la main-d'œuvre ;* 2° parce qu'il faut moins de chaux pour faire un même volume de mortier. »

Au numéro 135, l'auteur décrit le procédé de l'extinction par immersion; il finit en disant : « L'expérience a appris qu'il fallait une journée de manœuvre pour briser,

« immerger et éteindre 24 pieds cubes de chaux vive, ce qui augmente le prix de la
« chaux du quart au sixième. » Il indique ensuite quelques procédés mécaniques pour
diminuer le prix de fabrication, procédés qui n'ont pas été employés sur les chantiers
du Havre. A suivre son calcul, il en aurait coûté, au Havre, 3 fr. pour briser, immerger et éteindre un mètre cube de chaux vive.

Dans un mémoire publié en 1829, M. le général du génie Treussart décrit aussi les
divers modes d'extinction de la chaux. Sans indiquer précisément le prix de revient
de l'extinction en poudre, il en signale toutes les difficultés et tous les inconvénients :
« On a essayé, dit-il (page 12), d'employer en grand, à Strasbourg, le moyen d'ex-
« tinction par immersion, mais on a trouvé que ce moyen donnait quelques embarras
« et présentait quelques inconvénients. En effet, il faut avoir des paniers et concasser
« les grosses pierres; il faut obtenir, des ouvriers, qu'ils ne laissent la chaux plongée
« dans l'eau qu'un nombre de secondes déterminé, ce qui n'est pas facile ; il se perd
« une portion de chaux qui tombe au fond de la cuve dans laquelle on fait l'immersion;
« lorsque la chaux est réduite en poudre il faut la mesurer avant d'en faire du mortier,
« et, pour peu qu'il fasse du vent, on en perd beaucoup. Les inconvénients ci-dessus
« ont fait renoncer à ce procédé. »

Il serait naturel de répondre aux entrepreneurs, que les savants ingénieurs, dont ils
invoquent l'autorité, faisaient leurs expériences et publiaient leurs ouvrages douze ans
avant l'époque où l'extinction en poudre était prescrite dans les travaux du Havre ;
mais les entrepreneurs prétendent, avec beaucoup d'apparence de raison, qu'eux-
mêmes en savaient encore moins à cet égard que MM. Vicat ou Raucourt de Charleville, et que les ingénieurs, sous les ordres desquels ils travaillaient, n'étaient pas
plus avancés puisqu'ils ont pu leur donner, sur les résultats de l'extinction de la chaux
en poudre, les assurances les plus erronées.

Ces mêmes ingénieurs ont d'ailleurs indiqué eux-mêmes ce qu'ils pensaient du
prix de l'extinction de la chaux en poudre dans les séries de prix relatives aux travaux
d'entretien du Havre.

« Tant que les devis et séries ont prévu l'extinction de la chaux par le procédé
ordinaire, c'est-à-dire en pâte, le prix de revient de l'extinction par ce procédé était
un élément si peu important qu'on ne le faisait pas entrer dans la composition du prix
de la chaux en pâte. »

Mais, quand les ingénieurs ont eu appris, par expérience, que la chaux fournie par
la localité (la chaux de la Hève) ne devait produire de bons résultats, dans les
maçonneries, qu'éteinte par immersion en poudre, et qu'ils ont eu donné l'ordre de
l'éteindre constamment et exclusivement en cet état, alors ils se sont préoccupés du
prix de revient de cette extinction.

En 1840-41-42, les seuls travaux hydrauliques qui s'exécutassent au Havre étaient
ceux du bassin Vauban et de la Floride, adjugés aux sieurs Ladvocat et Testu. C'était
donc seulement sur les travaux de ces deux entrepreneurs que les ingénieurs de la localité pouvaient se rendre compte du prix de revient de l'extinction par immersion.

En 1842, les ingénieurs ont rédigé le devis et la série de prix des travaux d'entretiens pour le bail des années 1843-44-45. On sait que ces devis et séries sont des documents modèles et généraux auxquels les devis des travaux spéciaux renvoient pour les conditions et prix qui ne sont pas prévus dans ces derniers devis et séries. Mais en 1842, notez bien ceci, les travaux du bassin Vauban et de la Floride étaient encore en cours d'exécution; et les ingénieurs, avant de fixer un prix authentique, dans une série de travaux d'entretiens, pour l'extinction d'un mètre cube de chaux vive par immersion ont voulu faire de plus longues observations. Ils n'ont donc pas encore porté le prix de la main-d'œuvre de l'extinction par immersion dans la série des entretiens de 1843-44-45.

En 1845, ils ont rédigé les devis et séries de prix des travaux d'entretiens du port, pour le bail des années 1846-47-48. Ils ont prévu, comme dans les devis et séries précédents, l'extinction par immersion et, *de plus*, ils ont porté le prix de la main-d'œuvre d'extinction par ce procédé à 2 fr. 50 c. par mètre ^{3} de chaux hydraulique vive. Leurs observations leur avaient appris que c'était ce prix qui pouvait et devait être porté dans la série mère des entretiens, à cette dernière époque.

Voici ce que porte cette série :

(N° 58). Extinction de chaux vive, y compris bassins, hangars et magasins, par m^3 de chaux hydraulique.. 2 f. 50 c.
(N° 59).   id.   id.   id.   par m^3 de chaux grasse. . . . 3 »

On voit, ici, que la série prévoit le prix de l'extinction de la chaux ; mais il y a trois sortes d'extinction connues en France : 1° l'extinction ordinaire ; 2° l'extinction par immersion ; 3° l'extinction spontanée. S'agit-il de l'extinction par immersion au n° 58 de la série rédigée en 1845 pour le bail des années 1846-47-48 des entretiens du port du Havre? Telle est la question qui se présente ; et les ingénieurs auraient bien dû le faire savoir, car on ne saurait jamais mettre trop de clarté dans les devis et séries.

Nous écarterons d'abord l'extinction spontanée, car il n'y a pas d'exemple qu'on l'ait jamais employée dans les travaux hydrauliques du port ni de la place du Havre. Il restera donc l'extinction par le procédé ordinaire (*en pâte*) et l'extinction par immersion (*en poudre*).

Les entrepreneurs déclarent que, pendant dix ans, à partir du 1er janvier 1840, la chaux de la Hève n'a été éteinte en pâte, à leur connaissance, que pendant trois mois sur les travaux du bassin Vauban dans l'origine, mais qu'ils l'ont vu éteindre en cet état par M. Garnier, entrepreneur des travaux du génie militaire, pendant un temps dont ils ne connaissent pas au juste la durée, après les événements de 1848. Si cette assertion est exacte, on peut en conclure que les ingénieurs des ponts et chaussées, attachés aux travaux du port du Havre, n'ont entendu rémunérer que l'extinction par immersion par le prix de 2 fr. 50 c. (n° 58). Voici d'ailleurs une seconde réflexion qui nous semble décisive : la main-d'œuvre de l'extinction, par le procédé ordinaire, de 1^{m3} de chaux hydraulique vive ne peut pas revenir à plus de 0 fr. 40 c., et cela est à la connaissance de tous les ingénieurs et entrepreneurs de France. Ce fait s'est produit, comme partout ailleurs, dans les expériences faites en 1852 par MM. les inspecteurs généraux et divisionnaires des ponts et chaussées, membres de la Commission instituée, par M. le ministre des travaux publics, pour examiner les réclamations des sieurs Ladvocat et Testu. Les procès-verbaux de ces expériences l'attestent. D'ailleurs, nous le répétons, ce fait est et a toujours été de notoriété publique.

MM. les ingénieurs du Havre ne pourraient donc pas tirer un argument en leur faveur de l'obscurité qui règne dans leurs séries de prix, postérieures à l'exécution du bassin Vauban et de la Floride, et ils ne peuvent pas dire que le prix de 2 fr. 50 c. s'applique à l'extinction par le procédé ordinaire, car ce prix permettrait aux entrepreneurs de réaliser un bénéfice de 9 ou 10 capitaux pour 1, bénéfice qui est hors de toute proportion connue; ce prix est donc le tarif de la main-d'œuvre de l'extinction par immersion.

Nous n'avons pas voulu nous en tenir à ces raisons, quelque graves qu'elles fussent. Nous avons désiré pouvoir apprécier, d'une manière générale, l'importance du travail supplémentaire qui était imposé aux entrepreneurs par le changement prescrit dans le mode d'extinction de la chaux. Ils nous ont donné, sur les procédés qu'ils employaient, les renseignements les plus circonstanciés. Les juges administratifs qui doivent connaître de leurs réclamations liront ces explications et pourront en vérifier l'exactitude.

Voici ce qu'ils y verront :

Tandis que l'extinction de la chaux en pâte, est, à la connaissance de tout le monde, l'opération la plus simple, n'exigeant, pour un mètre de chaux vive, d'autre opération que le brassage, par un seul ouvrier, pendant quinze minutes au plus, l'extinction en poudre demande que la chaux vive soit préalablement déposée dans un magasin, qu'elle y soit prise pour être placée dans des mannes, transportée au moyen de ces mannes jusqu'aux cuves où elle doit être immergée, plongée dans l'eau pendant plus d'une minute, égouttée, et placée avec quelque précaution dans un bassin en bois où elle se dissout peu à peu et tombe en poussière. Nous ne pouvons douter de ce que disent les entrepreneurs, sur la fatigue qu'éprouvent les ouvriers employés à ce travail, sur l'usure de leurs vêtements et de leurs chaussures, sur la nécessité de les choisir et de les surveiller, enfin, sur la dépréciation du matériel dont ils font usage, sur la nécessité de le nettoyer sans cesse pour le débarrasser de la chaux en pâte qui s'y attache ou s'y dépose, sur le temps qu'exigent ces opérations accessoires et dont on ne tient pas compte dans des expériences officielles, et il nous paraît que le prix de 2 fr. 50 c. porté en 1845 dans les séries-modèles du port du Havre par les ingénieurs, pour la main d'œuvre d'extinction d'un mètre de chaux en poudre, n'a rien d'exagéré.

D'ailleurs les entrepreneurs prétendent, et l'on doit croire que, n'ayant pas encore pratiqué l'extinction en poudre avant qu'on la leur eût prescrite en 1840, ils n'étaient pas capables d'apporter, dans cette opération, plus d'activité, d'intelligence et d'économie que les ingénieurs éminents, MM. Vicat, Raucourt et Treussart, qui l'avaient mise en pratique avant eux. Ils demandent donc que cette opération leur soit payée, non pas au prix de 2 fr. 50 c. porté dans la série des entretiens de 1846, 1847 et 1848, après qu'une pratique non interrompue de six années avait formé des ouvriers au Havre et permis de réaliser quelques économies sur la main-d'œuvre, mais bien selon la moyenne des prix indiqués par MM. Vicat et Raucourt, soit 3 fr. 42 c. par mètre cube de chaux vive produisant $1^{m3}80$ de chaux en poudre ; ce qui donnera, par mètre cube de mortier, pour M. Ladvocat, qui mettait $0^{m3}55$ de poudre, 1 fr. 05 c., et pour M. Testu, qui mettait $0^{m2}60$ de poudre, 1 fr. 14 c. Cette demande nous paraît juste.

§ II.

DIFFÉRENCE DANS LE PRIX DE LA MAIN-D'ŒUVRE EMPLOYÉE A FABRIQUER LE MORTIER AVEC DE LA CHAUX EN POUDRE.

Les entrepreneurs ont le droit d'être indemnisés pour tout ce qui a augmenté le prix du mortier qu'ils ont employé dans leurs travaux.

Les inspecteurs généraux ont dû rechercher l'augmentation qu'il était juste d'apporter aux prix des mortiers par suite du changement imposé pour le mode d'extinction de la chaux.

Ils ont calculé d'une manière, selon nous, suffisante, l'augmentation résultant de la différence dans le foisonnement,

D'une manière, à notre avis, insuffisante, l'augmentation produite par la différence dans le prix de la main-d'œuvre employée à éteindre la chaux en poudre.

Mais il y avait encore un élément à apprécier : Les entrepreneurs soutenaient que la fabrication du mortier est beaucoup plus difficile et dispendieuse avec la chaux en poudre qu'avec la chaux en pâte.

La Commission n'a pas complétement négligé cette réclamation ; elle en parle et s'en exprime ainsi :

« La Commission n'a pu tirer de ses expériences aucune donnée certaine sur la
« dépense relative de la main-d'œuvre de la fabrication des mortiers, parce qu'elle
« a opéré sur des quantités trop faibles, mais elle reste convaincue que les entre-
« preneurs ont dû perdre aussi sur ce chef, attendu que l'arrosement de la chaux
« en poudre, pour la convertir en pâte, a constitué une nouvelle opération qui ne
« leur est point payée, et que la pâte, ainsi obtenue, a été plus dure et plus difficile
« à broyer que celle qu'on aurait obtenue par le procédé ordinaire d'extinction. »

Rien de plus clair : la chaux vive, préalablement éteinte en poudre, a besoin d'être ramenée à l'état de pâte pour être employée dans la fabrication des mortiers. Pour lui faire subir cette seconde transformation, on ne peut pas se borner à la jeter sans précaution dans des bassins remplis d'eau, comme cela se pratique pour la chaux vive qu'on veut éteindre directement en pâte par le procédé ordinaire; ce serait rendre la chaux en poudre inacceptable; il paraît même que cette manière de la transformer en pâte serait plus coûteuse que celle qui a été employée sur les travaux du bassin Vauban et de la Floride.

Voici, d'après les entrepreneurs, comment MM. Renaud et Chevallier avaient prescrit d'opérer la réduction en pâte :

Sept ouvriers, deux chevaux et le conducteur étaient les agents constamment employés, sur chaque manége, pour le dosage, le bardage, le mélange et la trituration des substances, depuis le moment où les chevaux étaient mis en mouvement jusqu'au moment où le mortier était fait, soit une heure au moins pour chaque bassinée contenant 1^{m3} de mortier. Les brouettes qui servaient au dosage étaient d'une contenance de $0^{m3}075$; et, comme on mettait sur les travaux de la Floride $0^{m3}60$ de chaux en poudre par mètre^3 de mortier, il fallait porter huit brouettées de poudre dans l'auge du manége. Pour cela, deux ouvriers étaient dans les bassins où la chaux s'était éteinte en poudre au pied du manége et la chargeaient dans les brouettes; deux autres la transportaient dans l'auge du manége et la renversaient, de place en place, par petites quantités; trois autres, ayant chacun un arrosoir plein d'eau, suivaient chacune des roues du manége et arrosaient la chaux; et, quand le dosage et le bardage étaient terminés, les quatre hommes qui y étaient employés se réunissaient aux trois autres qui continuaient à arroser la chaux, et ils suivaient aussi le mouvement du manége en faisant tomber avec leurs pelles la chaux qui s'attachait aux roues et aux parois inclinées de l'auge. Les chevaux avaient mis le manége en mouvement depuis le moment où la première brouettée de chaux avait été renversée dans l'auge. Cette première opération qui consistait, comme on le voit, à transformer la poudre en pâte, durait pendant vingt minutes au moins, et le chef d'atelier des ponts et chaussées, chargé de la surveillance d'un manége, agissant toujours conformément aux ordres qu'il avait reçus, ne permettait jamais qu'on apportât les autres ingrédients dans l'auge avant que la chaux, ramenée à l'état de pâte, présentât, comme le portent les devis, un aspect onctueux, et qu'on n'entendît plus le moindre craquement sous les roues.

Cette transformation durait, nous le répétons, pendant vingt minutes au moins; et sept ouvriers, deux chevaux et leur conducteur, étaient les agents reconnus indispensables pour la fabrication du mortier avec les manéges à trois roues du bassin Vauban et de la Floride.

Nous ferons plus loin le calcul du prix de revient de cette première opération.

Quand elle était terminée, quatre ouvriers chargeaient et transportaient les autres ingrédients destinés au mélange; puis, lorsque ces ingrédients étaient tous réunis dans l'auge du manége, les sept ouvriers étaient occupés : les uns à suivre le mouvement du manége et à en nettoyer les roues, d'autres à nettoyer les parois de l'auge contre lesquelles le mélange remontait, venait se coller et se sécher, d'autres à pomper de l'eau pour en avoir toujours dans les cuves, d'autres enfin à pousser le mortier dans la trappe par laquelle on le faisait sortir quand il était fait. Le manége fonctionnait, montre en main, toujours pendant une heure, pour faire 1^{m3} de mortier, soit qu'on le composât seulement de chaux en poudre et sable, soit qu'on le composât de chaux en poudre, sable et pouzzolane artificielle; et il arrivait quelquefois que la durée du mouvement du manége était prolongée quand le surveillant de l'administration n'était pas satisfait, au bout d'une heure, de l'aspect du mélange.

Telle est la description que les entrepreneurs nous ont donnée des diverses opérations qui leur étaient prescrites pour la fabrication d'un mètre cube de mortier.

Si elle est exacte, et elle nous semble exacte, il en résulte que la première opération, qui consiste à transformer la poudre en pâte, employait sept hommes pendant 20 minutes au moins, — soit 2 heures 20 minutes, — à 0 fr. 24 c... 0 fr. 56 c.

Les deux chevaux et le conducteur, d'après un rapport de M. l'ingénieur en chef du Havre, dont les entrepreneurs nous ont remis une copie, coûtaient pour 1^{m3} de mortier fabriqué en 1 heure $\frac{16}{19}$ fr. = 1 fr. 33 c., et, pour le tiers de la durée de toute l'opération = ... 0 44

Si maintenant nous suivons le rapport de M. l'ingénieur en chef, nous trouverons :

1° Que l'entretien du manége, pour le tiers de la durée de la fabrication de 1^{m3} de mortier, coûtait............................. 0 14

2° Que les outils, faux frais, etc., etc., (1/20°) coûtaient........... 0 05

3° Que les frais d'installation du manége, toujours pour le tiers de la durée de la fabrication de 1^{m3} de mortier, revenaient à............ 0 26

Total du prix de revient pour ramener $0^{m3}60$ de chaux en poudre à l'état de pâte.. 1 fr. 45 c.

Tel est le prix de revient de *cette nouvelle opération que le rapport de la commission signale comme n'ayant pas été payée aux entrepreneurs.*

Le rapport de la Commission ajoute que la pâte *obtenue après cette nouvelle opération a été plus dure et plus difficile à broyer que celle qu'on aurait obtenue par le procédé ordinaire d'extinction.*

Cette dureté et cette difficulté, jointes au travail de la transformation de la poudre en pâte, ont fait que les ingénieurs étaient forcés de prescrire aux entrepreneurs, sur les ateliers de la Floride et du bassin Vauban, de ne faire les bassinées de mortier que d'un mètre cube en une heure de travail, tandis qu'avec la chaux en pâte ils auraient pu, dans le même temps, en faire, comme partout ailleurs, trois mètres cubes au moins avec des agents plus faibles et moins nombreux, comme cela se pratiquait sur d'autres ateliers de grands travaux publics, et notamment au canal Saint-Martin.

Cette dureté de la pâte ainsi obtenue et cette difficulté, jointes au premier travail de la transformation de la poudre en pâte, ont donc fait monter, sur les ateliers de la Floride et du bassin Vauban, le prix de la fabrication d'un mètre cube de mortier, suivant le calcul que nous voyons dans la copie du rapport de M. l'ingénieur en chef, à la somme de.. 3 fr. 95 c.

Et, suivant le calcul que nous voyons dans la réclamation des entrepreneurs, à la somme de..................................... 4   49

Or, si l'on n'avait pas modifié le devis, ces derniers n'auraient pas eu besoin de faire subir à la chaux cette double transformation, à la suite de laquelle ils ont rencontré plus de difficulté dans la fabrication du mortier; et alors, ingénieurs et entrepreneurs auraient pu confectionner, aussi bien que leurs devanciers avaient su le faire, un mètre cube de mortier pour la somme de.................................. 0   53

Différence en moins............... 3 fr. 96 c.

Les entrepreneurs réclament, pour indemnité, cette somme de 3 fr. 96 c.; et il nous paraît juste qu'on la leur accorde.

Cependant la Commission et, après elle, l'administration n'ont rien accordé de ce chef.

Ce n'est pas, tout le monde le comprend, faire justice aux entrepreneurs.

Puisque, par suite d'une innovation introduite d'autorité par les ingénieurs, ils ont été contraints à faire une plus forte dépense pour la fabrication de leur mortier, ils doivent être indemnisés; la difficulté de régler l'indemnité ne dispense pas de l'accorder.

Les notes détaillées que les entrepreneurs ont placées sous nos yeux permettent d'ailleurs de la régler très-approximativement. Les juges administratifs, auxquels ils vont soumettre leurs réclamations, peuvent ordonner des essais, consulter des experts. Pour nous, nous n'avons qu'un mot à dire : un droit reconnu ne peut demeurer stérile; et, puisque l'administration doit, il est de son honneur d'employer tous ses efforts pour arriver à l'appréciation de ce qu'elle doit.

§ III.

DOMMAGES - INTÉRÊTS.

L'examen que nous venons de faire des chefs de réclamations qui précèdent nous conduit à l'examen d'un troisième et dernier.

Suffira-t-il que l'État ait rendu, à la fin du mois de décembre 1852, et rende, en 1855, aux entrepreneurs les sommes qu'eux-mêmes dépensaient utilement pour lui et qu'il aurait dû leur restituer en 1840, 41 et 42? Ne leur doit-il pas, en outre, un dédommagement pour ce long et involontaire retard qu'ils ont subi?

Le soussigné n'admet pas qu'en général l'État doive l'intérêt des sommes qu'on peut avoir à lui réclamer. On ne peut pas présumer, comme pour un simple particulier, qu'il les a employées d'une manière productive ; le retard plus ou moins volontaire d'un créancier certain de la solvabilité de son débiteur ne peut grossir le chiffre de la dette publique.

Mais l'État, comme un simple particulier, doit réparer le préjudice qu'il cause par le fait de ses agents. Les règles de la justice et de la morale n'ont pas, pour lui, d'indulgences particulières ; l'article 1382 du Code Napoléon lui est certainement applicable.

Eh bien, il n'est pas douteux que les ingénieurs du Havre, en changeant le mode d'extinction de la chaux prescrit par les devis, ont imposé aux entrepreneurs des sacrifices inattendus et considérables ; qu'en même temps ils se sont efforcés de leur persuader que ces changements n'avaient rien d'onéreux, se laissant aller jusqu'à manifester une assurance qu'eux-mêmes ne pouvaient pas avoir, et à invoquer des expériences que certainement ils n'avaient pas faites. De là, des pertes annuellement répétées et dont on n'a pu demander la réparation que longtemps après ; ainsi, et par leur fait, deux entreprises qui, conduites avec régularité et habileté comme elles l'ont été, devaient être lucratives, ont été désastreuses, et une déplorable faillite a suivi ces pertes imméritées.

Quelle indemnité pourra réparer de tels malheurs ?

Les entrepreneurs demandent, à titre de dommages-intérêts, cinq pour cent des sommes qui leur seront restituées, depuis le jour où elles leur auraient été dues ; c'est une base de calcul qui peut être admise à défaut d'une autre ; le soussigné la regarde comme modérée et équitable.

Paris, le

J. DUFAURE.

DÉSIGNATION DES PIÈCES

<small>JOINTES A LA RÉCLAMATION QUI PRÉCÈDE, ET REMISES AU CONSEIL DE PRÉFECTURE</small>

PAR LES ENTREPRENEURS DES TRAVAUX DE LA FLORIDE ET DU BASSIN VAUBAN AU PORT DU HAVRE

N° 1. Cette pièce contient, 1° Une réclamation, en date du **10 avril 1841**, de l'entrepreneur H. Testu à MM. les ingénieurs du Havre au sujet de la fabrication des mortiers;

2° Un rapport, en date du **1ᵉʳ juin 1841**, de M. l'ingénieur Chevallier, qui affirme qu'il a, par expérience, *la preuve que* $0^{m3}60$ de chaux *en poudre* et $0^{m3}50$ de chaux *en pâte* équivalent *au même* cube de pierre à chaux;

3° La réclamation de N. Testu, en date du **2 octobre 1848**, adressée à MM. les ingénieurs du Havre sur l'extinction et l'emploi de la chaux *en poudre* substitués à l'extinction et à l'emploi de la chaux *en pâte*, prescrits par les devis de la Floride et du bassin Vauban;

4° Une lettre en réponse à la réclamation qui précède, adressée par M. l'ingénieur Chevallier, sous la date du **16 janvier 1849**, à N. Testu, et par laquelle cet entrepreneur est invité à assister à des expériences comparatives annoncées pour le lendemain, à l'effet de *rechercher* le foisonnement par l'extinction en poudre et par l'extinction en pâte;

5° Une réclamation, en date du **16 juillet 1849**, de H. Testu à M. le ministre des travaux publics, à l'effet d'obtenir que M. Chevallier fasse connaître à cet entrepreneur ses intentions et son opinion sur les expériences entreprises le 17 janvier de la même année;

6° Un rapport, en date du **31 décembre 1849**, de M. Chevallier, dans lequel cet ingénieur discute les réclamations des entrepreneurs de la Floride et du bassin Vauban, en invoquant contre eux un des résultats des expériences de janvier 1849, *annulé* par M. l'ingénieur Chatoney qui avait dirigé ces expériences.

N° 2. Lettre adressée, le 3 septembre 1850, à M. le ministre des travaux publics, par les liquidateurs de la Banque commerciale du Havre, relativement à des expériences nouvelles entreprises en juin, juillet et août 1850, par les ingénieurs du Havre, sur l'avis du conseil général des ponts et chaussées et sur l'ordre de M. le ministre des travaux publics, à l'effet de rechercher : 1° le foisonnement de la chaux suivant qu'on l'éteint en pâte ou en poudre; 2° la différence entre les prix de la main-d'œuvre qu'exigent ces deux procédés d'extinction.

Les liquidateurs de la Banque commerciale protestent contre les expériences faites par les ingénieurs en juin, juillet et août 1850, et ils réclament la formation d'une commission pour examiner la question.

N° 3. Lettre adressée, le 3 octobre 1850, sur le même sujet, à M. le ministre des travaux publics, par N. Testu, entrepreneur des travaux de la Floride. Cette lettre contient encore une protestation contre les expériences entreprises par MM. les ingénieurs du Havre en juin, juillet et août 1850, et la demande de la nomination d'une commission composée de hauts fonctionnaires de l'administration supérieure.

N° 4. Lettre adressée, le 19 novembre 1850, à M. le ministre des travaux publics par les liquidateurs de la Banque commerciale du Havre. Ils donnent les résultats connus au Havre sur le foisonnement de la chaux par l'extinction en poudre, et ils réclament encore la nomination d'une commission.

N° 5. Lettre adressée, le 24 avril 1851, à M. le ministre des travaux publics par N. Testu.

Cet entrepreneur établit le compte de l'indemnité à lui revenir, et expose les faits qui se sont produits, sur les travaux de la Floride et du bassin Vauban, depuis l'origine de cette affaire jusqu'à ce jour.

N° 6. Lettre adressée, le 25 avril 1851, à M. le ministre des travaux publics par les liquidateurs de la Banque commerciale du Havre. Ils font un exposé rapide des faits qui se sont produits depuis l'origine de cette affaire. Nous recommandons cette pièce à l'attention de M. le préfet et de MM. les membres du conseil de préfecture.

N° 7. Lettres adressées sous différentes dates, et notamment sous la date du 25 avril 1851, par N. Testu à MM. les inspecteurs généraux et divisionnaires, membres de la commission qui venait d'être instituée par M. le ministre des travaux publics pour examiner les réclamations des deux entrepreneurs.

N° 8. Observations présentées, les 19, 21 et 27 juin 1851, par N. Testu à M. le ministre des travaux publics et à MM. les membres de la commission, sur deux rapports faits, en décembre 1850, par M. Renaud, ingénieur en chef, et par M. Chevallier, ingénieur ordinaire des travaux du port du Havre.

A la suite de ces observations se trouve la copie de toutes les pièces à l'appui.

NOTA. Toutes les pièces désignées ci-dessus ont été remises, par l'entrepreneur N. Testu, d'abord à M. le ministre des travaux publics, et ensuite à MM. les inspecteurs généraux et divisionnaires des ponts et chaussées, membres de la commission.

N° 9. Renseignements relatifs à l'extinction de la chaux, tirés des devis et séries de prix des entretiens du port du Havre pour le bail des années 1843, 1844, 1845.

N° 10. Renseignements relatifs à l'extinction de la chaux, tirés des devis et séries de prix des entretiens du port du Havre pour le bail des années 1846, 1847, 1848.

N° 11. Renseignements relatifs à la fabrication des mortiers, avec chaux en pâte, provenant d'expériences faites par des ingénieurs sur des ateliers de grands travaux publics.

N° 12. Renseignements relatifs à la fabrication des mortiers avec chaux en poudre, provenant d'expériences faites par M. l'ingénieur en chef du port du Havre sur les ateliers de la Floride.

Ces renseignements sont extraits d'un rapport de M. l'ingénieur en chef.

1-2. Le devis et la série de prix des entretiens du port du Havre pour le bail des années 1834, 1835, 1836.
3. La série de prix des entretiens du port du Havre pour le bail des années 1837, 1838, 1839.
4-5. Le devis et la série de prix des travaux de l'écluse de navigation et du bassin de la Floride.
6-7. Le devis et la série de prix des travaux du bassin Vauban.
8-9. Le devis et la série de prix des entretiens du port du Havre pour le bail des années 1843, 1844, 1845.
10-11. Le devis et la série de prix des entretiens du port du Havre pour le bail des années 1846, 1847, 1848.

PARIS. — IMPRIMERIE DE J. CLAYE, RUE SAINT-BENOÎT, 7.

www.ingramcontent.com/pod-product-compliance
Lightning Source LLC
LaVergne TN
LVHW021703080426
835510LV00011B/1563